EXPECT NOTHING

100 gute Gründe offen zu bleiben
100 gute Gründe für Experimente
100 gute Gründe für Liebe
100 gute Gründe für Vertrauen
100 gute Gründe für viel mehr Spaß
100 gute Gründe für Poesie
100 gute Gründe für keine Kompromisse
100 gute Gründe Kind zu bleiben
100 gute Gründe für Publikationen
100 gute Gründe für weniger Listen
100 gute Gründe für Passion
100 gute Gründe für Perfektion
100 gute Gründe für Fiktion
100 gute Gründe für Visionen
100 gute Gründe für Natur
100 gute Gründe für weniger online
100 gute Gründe für Rastersysteme
100 gute Gründe für Normen
100 gute Gründe für Transparenz
100 gute Gründe für Kunst
100 gute Gründe für Kultur
100 gute Gründe für Konzepte
100 gute Gründe für Techniken
100 gute Gründe für Pastell
100 gute Gründe zu konturieren
100 gute Gründe am Ball zu bleiben
100 gute Gründe für mehr Gefühl
100 gute Gründe für Subtitles
100 gute Gründe für Varianten
100 gute Gründe für Authentizität
100 gute Gründe für Feedback
100 gute Gründe für Dialog
100 gute Gründe für Diskurs
100 gute Gründe für Nachhaltigkeit
100 gute Gründe für weniger CO_2
100 gute Gründe für Hilfsbereitschaft
100 gute Gründe für analog
100 gute Gründe für digital
100 gute Gründe für Gedrucktes
100 gute Gründe für Positionen
100 gute Gründe für Haltungen
100 gute Gründe für Rundgänge
100 gute Gründe für bold
100 gute Gründe für medium
100 gute Gründe für light
100 gute Gründe für Serifen
100 gute Gründe für kein Grafikdesign
100 gute Gründe für Neon
100 gute Gründe für Schwarzweiß
100 gute Gründe für Brüche
100 gute Gründe für Collagen
100 gute Gründe für Bewegtbilder
100 gute Gründe für mehr Abstand
100 gute Gründe für Detailtypografie
100 gute Gründe für Dokumentationen
100 gute Gründe für Formstudien
100 gute Gründe nochmal zu studieren
100 gute Gründe Energie zu sparen
100 gute Gründe für kleine Gesten
100 gute Gründe für Blumen
100 gute Gründe für Vielfalt
100 gute Gründe für bunt
100 gute Gründe für Berlin
100 gute Gründe für die Schweiz
100 gute Gründe für Seoul
100 gute Gründe für Wien
100 gute Gründe für Schokolade
100 gute Gründe für Alles
100 gute Gründe für Nichts
100 gute Gründe für Altes
100 gute Gründe für Neues
100 gute Gründe für Teamwork
100 gute Gründe für Kooperationen
100 gute Gründe auszustellen
100 gute Gründe für Siebdruck
100 gute Gründe für Fails
100 gute Gründe zu recyclen
100 gute Gründe für gute Rezepte
100 gute Gründe für Interpretationen
100 gute Gründe für Musen
100 gute Gründe für Museen
100 gute Gründe für Referenzen
100 gute Gründe für Lob
100 gute Gründe für Humanismus
100 gute Gründe für Beständigkeit
100 gute Gründe für Stilbruch
100 gute Gründe nachzufragen
100 gute Gründe zu hinterfragen
100 gute Gründe für Tatendrang
100 gute Gründe fürs Nichtstun
100 gute Gründe für Sammlungen
100 gute Gründe für weniger Show
100 gute Gründe für mehr Inhalt
100 gute Gründe für weniger Zweifel
100 gute Gründe für Harmonie
100 gute Gründe für Pläne
100 gute Gründe für Zufälle
100 gute Gründe für Begegnungen
100 gute Gründe neugierig zu bleiben
100 gute Gründe an sich zu arbeiten

100 beste Plakate 23   D/A/CH

VORWORTE / FOREWORDS

- ..6 100 gute Gründe, juriert zu haben — Toan Vu-Huu
  ... 100 good reasons to be on the jury
- .11 100 im Ziel — Fons Hickmann
  ... 100 at the finish line

SELF ORDERS — Helene Roolf

- 222 Plakate im Eigenauftrag
  Erkundungen im Grenzstreifen von Kunst und Politik
  ... Posters on the Artist's Commission
  Explorations in the border zone of art and politics

WETTBEWERB / COMPETITION

- .16 Preisträgerplakate, Textteil
  ... Award Winners' Posters
  Text Section
- 120 Preisträgerplakate, Bildteil
  ... Award Winners' Posters
  Image Section
- 234 Jury — Sandra Doeller, D
  Tobias Schererbauer, A
  Isabelle Mauchle, CH
  Flávia Nalon, BRA/D
  Toan Vu-Huu, F

ANHANG / APPENDIX

- 248 Mitglied werden
  ... Become a member
- 262 Dank
  ... Acknowledgements
- 262 Veranstalter
  ... Organizer
- 263 Impressum
  ... Book Credits
- 252 Gestalter:innen
  ... Designers
- 257 Auftraggeber
  ... Clients
- 260 Druckereien
  ... Printing Houses
- 262 Ausstellungen
  ... Exhibitions

100 GUTE GRÜNDE, JURIERT ZU HABEN
Der Ton macht die Musik

Ich freute mich sehr über Fons Hickmanns Einladung, bei der Jury der 100 besten Plakate dabei zu sein. Eine Gelegenheit, zurück in die alte Heimat zu kehren, die ich vor über 20 Jahren verlassen hatte, und dies sogar in grafischer Mission. Dieses besondere Format des Wettstreits, geboren in der DDR, hat sich nach dem Mauerfall zunächst auf ganz Deutschland und ab 2001 auf den deutschsprachigen Raum mit der Schweiz und Österreich ausgebreitet. 100 beste Plakate, ohne Hierarchie, eine Zusammenkunft, ein „Ensemble", wie man in Frankreich sagen würde. Ein Ensemble wird auch eine Gruppe Musiker genannt, und so muss auch das Ensemble der 100 Besten gesamthaft klingen, mit Kontrasten, Harmonien, Dialogen und Experimenten. Nach einer ersten Onlineauswahl von insgesamt 2.333 Einzel- und Serienplakaten wurden 348 Einreichungen durch die fünfköpfige Jury in die engere Auswahl genommen. Schließlich traf ich mich mit Sandra Doeller, Flávia Nalon, Isabelle Mauchle und Tobias Schererbauer, und wir sichteten 619 gedruckte Exemplare an der Universität der Künste Berlin. Das Sortieren erinnerte mich stark an mein erstes Leben als DJ in Frankfurt, bevor ich nach Paris zog, bevor ich Grafikdesign studierte. Der wichtigste Moment war die Vorbereitung für den Abend und die Auswahl der Platten. In meine zwei Kisten, plus Umhängetasche, passten ca. 100 Platten, etwa 25 kg Musik. 100 Tracks, House und Techno, für acht Stunden Tanzmusik. Stundenlang blätterte ich durch meine Sammlung, sortierte ein, wieder aus, tauschte, siebte aus, sortierte nach Style, Tempo, nach Höhepunkten und Stimmung. Der Platz war beschränkt, ca. 100 konnten es sein. Wie damals also, nur nicht Platten, sondern Plakate, nicht alleine, sondern mit geschätzten Kollegen, aber in ähnlich intensiver Stimmung.

In der Ruhe liegt die Kraft

Ein Team von fünf Studierenden mit performativer Anmutung, geräuschlos, achtsam und elegant, führte uns die Plakate, eines nach dem anderen, vor. Blicke und Handzeichen unsererseits genügten, um den Weg des Plakates zu bestimmen.

Das Feingefühl der Gesten und des G e h e n s im Raum, ohne zu kollidieren, erinnerte mich an das kürzlich gesehene Tanztheaterstück „Kontakthof" von Pina Bausch. Anstatt von Bistrotstühlen wurde bedrucktes Großformatpapier und manchmal auch kleineres durch den Raum manövriert. Die Stimmung war angenehm ruhig und die Jury konzentriert. Ab und zu erhob sich einer von uns, um einen genauen Blick auf Details wie Druckqualität oder Mikrotypografie zu werfen, oder gar einen haptischen Eindruck zu gewinnen. So manches Siebdruckposter brachte uns zum Staunen und entlockte ein „Wow" aufgrund des bewussten Spielens mit Überdrucktechniken, Verläufen oder besonderen Farben, die überraschten. Qualitäten, welche nicht am Bildschirm zum Tragen kommen und heute in unserer digitalen Welt umso wichtiger werden.

Aller guten Dinge sind **(mindestens) drei**

Die Poster wurden je nach Abstimmung auf verschiedene Stapel sortiert. Bei drei Händen kam es in die Auswahl, mit fünf Händen war man sich einig, es muss zu den 100 gehören, bei keiner Hand sollte es aussortiert sein. Um sicherzugehen, sichteten wir alle Stapel am Ende des Tages noch einmal. Vielleicht waren wir heute Morgen noch nicht richtig wach, das Auge noch nicht geschult, das Maß noch nicht eingependelt? Und tatsächlich fand so manches Poster seinen Weg von ganz links nach ganz rechts. Wir waren überrascht und glücklich, doppelt kontrolliert zu haben.

Wer nicht wagt, der nicht gewinnt

Meine Plakatkultur wurde in den letzten Jahren stark vom französischen Raum geprägt. Das künstlerische Bild ist wichtig; Plakate tragen ein Visual, expressiv, Typografie wird zum Bild, bunt und illustrativ. Es muss in den hektischen, lauten und überladenen Straßen von Paris überleben. Umso mehr überraschten mich ruhige, rein textbasierte Plakate: eine Schriftgröße, ein Schriftschnitt, trocken heruntergesetzt, keine Schnörkel – man will auf den Inhalt aufmerksam machen. Eine Radikalität, die ich noch aus meinem Studium kannte, heute verlernt, vergessen und ignoriert. Die Qualität der Jury bestand darin, sich gegenseitig zu sensibilisieren, Inhalte, Aussagen und Absichten abzuwägen.

Es gab einige überraschende Ansätze, welche bewusst mit dem Medium Plakat experimentierten: einerseits durch Techniken wie Druck auf Spiegelfolie, Stanzungen und Laserschnitten, aber auch als autonomes Ausstellungsobjekt. Es wird versucht, neue Wege zu gehen, Türen aufzumachen, neue Perspektiven zu gewinnen. Das waren für mich sehr spannende Ansätze, mit denen ich bisher sehr wenig bei anderen internationalen Wettbewerben in Berührung kam. Zu sehen, dass sogar große kulturelle Einrichtungen bereit sind, ungewohnte Wege zu gehen, bedarf eines engen Austausches zwischen Grafik-Designer und Institution und überzeugte umso mehr.

Die Beteiligung von Studierenden, die für ihre Schule Plakate für Konferenzen, Ausstellungen, Tage der offenen Tür, Diplompräsentationen und viele weitere Events gestalteten, war sehr groß und von hoher Qualität. Die Gestaltung dieser Plakate wird offensichtlich von vielen Hochschulen sehr ernst genommen, und es scheint mir, dass Talente gefördert werden, Professoren engagiert sind und die Schulen alle Mittel bereitstellen, um das bestmögliche Ergebnis zu erzielen.

Wir sahen großartige Plakate für kleine Einrichtungen wie Vereine, Sommerfeste, Restaurants und Yogakurse, die mit ihren grafischen Qualitäten auf der Höhe von großen Institutionen wie Museen und Theatern mithalten können.

Nach zwei Tagen Diskussion, Abwägung, Aussortierung, Rettung und Gruppierung, war es ein magischer Moment, zurückzutreten und das Ensemble der 100 Plakate in der Aula und den Gängen der UdK zu einem kraftvollen Ganzen erklingen zu sehen.

Dabei sein ist alles

100 Beste, alle Gewinner – Profis, Neulinge, Studierende, alle auf einer Ebene – das ist die Verwirklichung einer kleinen Utopie. Genau wie das diesjährige Motto so schön zum Wettbewerb geladen hat: 100 gute Gründe teilzunehmen!

100 GOOD REASONS TO BE ON THE JURY.

The sound makes the music

I was delighted to be invited by Fons Hickmann to be part of the jury for the 100 best posters. It was an opportunity to return to my old homeland, which I had left over 20 years ago, and to do so on an artistic mission. This special competition format, born in the GDR, first spread to the whole of Germany after the fall of the Berlin Wall and from 2001 to German-speaking countries including Switzerland and Austria. 100 best posters, with no hierarchies, a gathering, an "ensemble," as they would say in France. An ensemble is also what we call a group of musicians, and so the ensemble of the 100 best must also sound like a unit, with contrasts, harmonies, dialogues and experiments. After an initial online selection of 2,333 individual and series posters, 348 submissions were shortlisted by the five-member jury. Finally, I met with Sandra Doeller, Flávia Nalon, Isabelle Mauchle and Tobias Schererbauer, and we looked through 619 printed copies at the Berlin University of the Arts. Sorting through them reminded me a lot of my first life as a DJ in Frankfurt, before I moved to Paris and studied graphic design. The most important moment was preparing for the evening and choosing the records. In my two boxes, plus a shoulder bag, I could fit around 100 records, about 25 kilos of music. 100 tracks, house and techno, for eight hours of dance music. I spent hours leafing through my collection, adding, subtracting, swapping, sifting, sorting by style, tempo, highlights, and mood. The space was limited, there could be about 100. Just like back then, not records, but posters, not alone, but with esteemed colleagues, but in a similarly intense mood.

Haste makes waste

A team of five students, almost like a performance, silent, attentive, and graceful, presented the posters to us one by one. Glances and hand signals on our part were enough to determine the path of each poster. The sensitivity of the gestures and walking through the space without colliding reminded me of the recently seen dance theatre piece "Kontakthof" by Pina Bausch. Instead of bistro chairs, printed large-format and sometimes smaller papers were manoeuvred around the room. The mood was pleasantly calm and the jury was focussed. From time to time, one of us stood up to take a closer look at details such as print quality or micro-typography, or even to gain a haptic impression. So many silkscreen posters poster amazed us and elicited a "wow" due to the deliberate play with overprinting techniques, gradients or special colours that surprised us. These are qualities that are not as visible on a screen and are all the more important today in our digital world.

All good things come in threes (at least)

The posters were sorted into different stacks depending on the vote. Three raised hands meant it was included in the selection, five meant that it had to be one of the 100, no hands meant it should be sorted out. To be on the safe side, we looked through all the stacks again at the end of the day. Perhaps we hadn't been quite awake this morning, our eyes weren't yet trained, our sense of proportion hadn't yet evolved? And indeed, many a poster found its way from the far-left to the far-right stack. We were surprised and glad that we double-checked.

Nothing ventured, nothing gained

In recent years, my poster culture has been strongly influenced by the French-speaking world. There, the artistic image is important; posters bear a visual, expressive, typography becomes an image, colourful and illustrative. It has to stand out in the bustling, noisy and cluttered streets of Paris. I was all the more surprised by the calm, purely text-based posters: one font size, one font style, dryly reduced, no flourishes—the aim is to draw attention to the content. A radicalism that I knew from my studies, now forgotten and ignored. The quality of the jury consisted of sensitising each other, weighing up content, statements, and intentions.

There were some surprising approaches that consciously experimented with the poster medium, on the one hand through techniques such as printing on mirror foil, die-cutting and laser cutting, but also as an autonomous exhibition object. Attempts were made to break new ground, open doors, and gain new perspectives. These were very exciting approaches for me, which I have seen very little in other international competitions. For even large cultural institutions to be prepared to take unfamiliar pathways requires a close dialogue between graphic designer and institution and was all the more convincing.

The participation of students who designed posters for their school for conferences, exhibitions, open days, diploma presentations and many other events was very large and of high quality. The design of these posters is obviously taken very seriously by many universities and it seems to me that talent is encouraged, professors are committed, and the schools provide all the resources needed to achieve the best possible result.

We saw great posters for small institutions such as clubs, summer festivals, restaurants, and yoga classes, with graphic qualities on a par with large institutions such as museums and theatres.

Being there is everything

After two days of discussion, consideration, sorting, saving, and grouping, it was a magical moment to step back and see the ensemble of 100 posters resonate as a powerful unit in the auditorium and corridors of the UdK. 100 best, all winners—professionals, newcomers, students—on the same level. A small utopia. Just as this year's motto so charmingly invited designers to the competition: 100 good reasons to take part!

Chair of the jury

100 IM ZIEL

One is the loneliest number that you'll ever do—
Harry Edward Nilsson 1968

One of us—Freaks 1932

Als ich begann, dieses Vorwort zu schreiben, auf der Suche nach Sinn, Ideen oder Worten ... dachte ich daran, die künstliche Intelligenz zu bitten, mir den Weg abzukürzen und mir einen dieser enthusiastischen Texte zu schreiben, die vorgeben, an die Menschheit zu glauben. Aber das hat nicht funktioniert, weil die KI immer wieder die gleichen Plattitüden ausspuckte, die wir alle schon so oft gelesen haben und an denen ich auch selbst eine Mitschuld trage, da ich seit zehn Jahren über Plakate schreibe und rede und dies durch Wiederholungen zum Allgemeinwissen wird. Wie bei den meisten Dingen unserer Tage ist das, was passiert, auch immer ein Teil von uns selbst, denn wir haben ja schon eine Zeit lang mitproduziert, Content und Informationen entwickelt, die eingeflossen sind in die große Datensuppe, aus der nun die KIs schöpfen und schon Gesagtes reproduzieren und neu verpacken.

Auch wenn Manches in seiner Vermischung überraschend klingt, ist doch alles schon gesagt. Es wirkt, als seien wir im selbstgewebten Informationsnetz gefangen. So wie die Autofahrer sich über den Stau beklagen, den sie selbst hervorgerufen haben.

„Es ist alles schon gesagt
„Es ist alles schon gesagt

„Es ist alles schon gesagt

„Es ist alles schon gesagt
„Es ist alles schon gesagt
„Es ist alles schon gesagt

„Es ist alles schon gesagt
„Es ist alles schon gesagt

„Es ist alles schon gesagt
„Es ist alles schon gesagt

„Es ist alles schon gesagt
„Es ist alles schon gesagt
„Es ist alles schon gesagt – nur noch nicht von Allen." Dieser Gedanke von Karl Valentin, dass wir uns oder andere oder anderes wiederholen müssen und dadurch erst existent werden, ist so alt wie die Datenursuppe selbst. „Wir sind das, was wir wiederholt tun. Exzellenz ist daher keine Handlung, sondern eine Gewohnheit." Aristoteles, 350 vor unserer Zeitrechnung.

Die Zitate des Komikers Valentin und des Denkers Aristoteles evozieren die Frage „Was machen wir hier eigentlich?". Mit so viel Leidenschaft und Expertise ermöglicht der Verein der 100 Besten Plakate jedes Jahr diese so beliebten Ausstellungen und Bücher, die durch die halbe Welt reisen. Jedes Jahr kommen Orte und Menschen hinzu. Es ist vielleicht bei allem Hang zur

Wiederholung auch das Bedürfnis zu zeigen, wie sich das Medium Plakat wandelt, wie es sich immer wieder neu erfindet und wie sich Ästhetiken im Wind der Geschichte, der Mode und der Anschauungen immer wieder neu definieren. Die 100 besten Plakate zählen seit Jahren als Gradmesser für neues Design überhaupt. Jedes Jahr sehen wir hier die ästhetischen Trends, die wir in den kommenden Jahren überall sehen werden.

Bei der Idee der 100 besten wiederholen wir den ersten Preis 100 Mal, dadurch ergibt sich zwar eine Summe, doch das einzelne Werk bleibt unberührt und unabhängig neben den anderen 99 Gewinner-Plakaten hängen. Man stelle sich vor, dass das 100 beste Plakate-Projekt eine olympische Disziplin wäre, nicht eine der Geschwindigkeit, sondern der Kreativität und Innovation. In diesem Wettlauf durchläuft aber nicht nur ein Sportler die Ziellinie als Erster, sondern 100 gleichzeitig! Geiles Rennen, Kopf an Kopf und Blitz-Zielfoto: alle zugleich über die Linie. Hundert Sieger nebeneinander in symmetrischer Harmonie die Grenze der Gestaltung neu überlaufen. Diese olympische Analogie illustriert die Essenz des Wettbewerbs: eine Feier der Vielfalt, Gleichberechtigung und Symbiogenese. Bei 100 beste Plakate geht es nicht um den schnellsten, stärksten oder wendigsten Teilnehmer. Hier zählt die Einzigartigkeit der Idee, die Qualität der Ausführung und der Mut, etablierte Normen zu hinterfragen.

Und nun die Fakten:
Nach Ländern gliedern sich die prämierten 100 Plakate und Plakatserien in 45 × Deutschland, 51 × Schweiz und 4 × Österreich – 80 Auftragsarbeiten, 5 Eigenaufträge und 15 studentische Projektaufträge. Am Wettbewerb hatten sich 667 Einreichende mit insgesamt 2.333 Plakaten (1.184 Einzelplakate, 334 Serien mit 1.149 Plakaten) beteiligt. Die Jury traf zunächst wie üblich eine Online-Vorauswahl. Zur finalen Jurysitzung unter Vorsitz von Toan Vu-Huu lagen 619 Plakate (245 Einzelplakate und 103 Serien mit 374 Plakaten) von 219 Einreichenden vor.

Meine Katze wiederholt sich im Übrigen auch ständig, aber ihrem **Miau** hab ich schon beim ersten Mal geglaubt.

100 AT THE FINISH LINE

When I started writing this foreword, searching for meaning, ideas, or words, I considered using artificial intelligence as a shortcut, asking it for one of those enthusiastic texts that pretend to believe in humanity. That didn't work, though. AI just spit out the platitudes that we've all read so many times before. I'm partly to blame for them since I've been writing and talking about posters for ten years and the repetitions have made them common knowledge. As with most things these days, what happens is always a part of us; we've been co-producing for a while, developing the content and information that's flowed into the big soup of data from which AI now draws to reproduce and repackage what's already been said. Even if some of its mixture sounds new, everything has already been said. It's as if we're trapped in an information network of our own making, like drivers complaining about the traffic jam they're causing themselves.

"Everything has already been said; just not by everyone." In the words of comedian Karl Valentin, this idea that we only exist through repeating ourselves or others is as old as the oldest data soup itself. "We are what we repeatedly do. Excellence, then, is not an act but a habit," said Aristotle in 350 BCE.

These quotes from a comedian and a philosopher evoke the question, "What are we doing here?" Every year, the passion and expertise of the 100 Best Posters Association makes these admired exhibitions and books that travel halfway around the world possible. Places and people are added every year. Despite the tendency towards repetition, perhaps we also need to show how the poster medium is changing, how it is constantly being reinvented, and how aesthetics are constantly redefined in the winds of history, fashion, and opinion. For years, the 100 best posters have been a benchmark for new design. Every year, this is where we see the aesthetic trends that we'll see everywhere in the coming years.

The concept of the 100 best means that we multiply the first prize times 100. This results in a total, but each work remains untouched and independent alongside the other 99 winning posters. Imagine if the 100 best poster project was an Olympic discipline, not one of speed, but of creativity and innovation. In this race, not just one athlete crosses the finish line first, but 100 at the same time! An exciting race, head-to-head, and a photo finish: across the line all at once. One hundred winners side by side in symmetrical harmony, crossing the boundaries of design anew.

This Olympic analogy illustrates the essence of the competition, a celebration of diversity, equality, and symbiogenesis. 100 Best Posters is not about the fastest, strongest, or most agile participant. What counts here is the uniqueness of the idea, the quality of the execution, and the courage to question established norms.

And now to the facts: Broken down by country, the 100 posters and poster series awarded prizes are divided into 45 × Germany, 51 × Switzerland, and 4 × Austria, 80 commissioned works, 5 self-commissions and 15 student project commissions. The competition attracted 667 entries with a total of 2,333 posters (1,184 individual posters, 334 series with 1,149 posters). As usual, the jury first made an online pre-selection. At the final jury meeting chaired by Toan Vu-Huu, 619 posters (245 individual posters and 103 series with 374 posters) from 219 entrants were viewed.

For the rest, my cat always repeats herself, too, but I believed her meow the first time.

Fons Hickmann

Preisträgerplakate   Award Winners' Posters

..1/100	Studio Mucho Gusto	.61/100	babyinktwice
..2/100	Max Reichert	.62/100	Chiara Toteda, Lukas Rösener
..3/100	Pascal Putschka	.63/100	Ossian Osborne, Johanna Mehner
..4/100	strobo B M	.64/100	Badesaison
..5/100	Anja Kaiser	.65/100	Melchior Imboden
..6/100	Johnson / Kingston	.66/100	Studio Marie Cuennet
..7/100	Daniel Wiesmann	.67/100	Dabin Kim
..8/100	Erich Brechbühl, Felix Pfäffli	.68/100	Erik Anton Reinhardt
..9/100	Cécile+Roger	.69/100	Sam Steiner
.10/100	Studio Anna Haas	.70/100	Modo
.11/100	2xGoldstein	.71/100	HOMI
.12/100	ZEBU	.72/100	Neue Gestaltung
.13/100	Büro Sequenz	.73/100	Claudiabasel
.14/100	Alena Stählin, Tristesse	.74/100	Studio Laurenz Brunner
.15/100	Laucke Siebein	.75/100	strobo B M
.16/100	Dominik Keller, Jonas Huhn	.76/100	SUPERO
.17/100	Tristesse	.77/100	HOMI
.18/100	Smile Initial Plus	.78/100	Raphael Wicki
.19/100	Distaff Studio	.79/100	Sebastian Heß, Pirmin Adolphi
.20/100	Studio LA	.80/100	Maximage
.21/100	Jonathan Körner, Maximilian Messer	.81/100	Fons Hickmann M23
.22/100	Fons Hickmann M23	.82/100	Tiziana Artemisio, Anna Haas, Milana Herendi, Michael Kryenbühl, Jiri Oplatek, Tania Prill, Niklaus Troxler, Ivan Weiss
.23/100	Claudiabasel		
.24/100	Onlab		
.25/100	Kai Damian Matthiesen		
.26/100	Lamm & Kirch		
.27/100	gggrafik	.83/100	Claudiabasel
.28/100	hesign International	.84/100	Barbara Galizia, Alexey Malygin
.29/100	hesign International	.85/100	Erich Brechbühl
.30/100	Marinus Klinksik	.86/100	Neo Neo
.31/100	Lukas Hoffmann	.87/100	Ariane Spanier Design
.32/100	Daniel Gascón Kovács	.88/100	Niklas Apfel
.33/100	Studio Daniel Peter	.89/100	SCC Kommunikation
.34/100	Stahl R	.90/100	Sebastian Schubmehl, Marcel Zerbe, Viktoria Gerus
.35/100	Claudiabasel	.91/100	Niklaus Troxler
.36/100	Jakob Mayr, Kilian Wittmann	.92/100	Neo Neo
.37/100	Tim Ballaschke	.93/100	Henning Wagenbreth
.38/100	Shortnotice Studio	.94/100	Enen studio
.39/100	Marc Roecker, Linus Geiss	.95/100	bergerberg
.40/100	Lamm & Kirch	.96/100	Ira Göller, Annika Kiefer
.41/100	Nicolas Bernklau, Johannes Kuhn	.97/100	SUPERO
.42/100	Janice Beck	.98/100	Lukas Marstaller
.43/100	Claudiabasel	.99/100	Dario Forlin
.44/100	Neue Gestaltung	100/100	Studio Es
.45/100	gggrafik		
.46/100	Annina Linggi		
.47/100	Niclas Funk, Dennis Vugts, Marc Iselin		
.48/100	Badesaison		
.49/100	Pank		
.50/100	Claudiabasel		
.51/100	Bureau Progressiv		
.52/100	WePlayDesign		
.53/100	Alessio Borando, Jasmina Zarlenga		
.54/100	Fons Hickmann M23		
.55/100	nathow & geppert		
.56/100	gggrafik		
.57/100	Daniel Wiesmann		
.58/100	Annina Linggi		
.59/100	Niklaus Troxler		
.60/100	Hammer		...

| BEWEGTE PLAKATE | MOVING POSTERS |

... In Buch und Ausstellung gibt es Plakate mit Augmented-Reality-Ebene:
    Diese kann durch Verwendung der App Artivive sichtbar gemacht werden.
... The book and the exhibition contain augmented reality posters,
    which can be visualized using the Artivive app.

1   Installation der App Artivive
... Install the Artivive app
2   Suche von Plakaten oder Abbildungen mit dem Artivive-Icon
... Look for posters or images marked with the Artivive icon
3   Fokussieren mit der Kamera und Erleben der animierten Version
... Hold your smartphone camera over the image to experience
    the animated version

| KATEGORIEN | CATEGORIES |

A   Plakate im Auftrag
... Posters on commission

B   Plakate im Eigenauftrag
... Self-commissioned posters

C   Plakate Studierender, realisiert mit schulischer Begleitung
... Posters by students under academic supervision

X/100 STUDIO   ■   FORMAT   ▶   KATEGORIE   LAND
Gestalter:innen/Designers   ... SIZE   ... CATEGORY   ... COUNTRY
... TITEL
... TITLE

... AUFTRAGGEBER   ●   DRUCKTECHNIK
... CLIENT   ... TECHNIQUE
                                    DRUCKEREI
                                ... PRINTING HOUSE

ME, MYSELF AND I

... KURZBESCHREIBUNG
... BRIEF EXPLANATION

.19

..1/100 Studio Mucho Gusto ■ ■ ■   F4   ▶   A   CH
Olivia Hubli, Patrizia Bürkli

Gestört erzählt
... Disturbed narrative

Netzwerk Neubad   ● Digitaldruck
                                   ... Digital
                                       Multi Reflex

                                   ■ Serie von vier Plakaten
                                   ... series of four posters

«DIE HEILUNG   «WÄHREND MEINER   «WENN AUS VIEL   «HOCHFUNKTIONAL
    LIEGT   PSYCHOSE   SCHMERZ   BEDEUTET NUR
         IN DER   BIN ICH DURCH DIE TORE   PLÖTZLICH   UNTER
         HEILUNG   DER HÖLLE   SINN ENTSTEHT»   HOCHSPANNUNG
    DER BEZIEHUNG   GEGANGEN   STEPHANIE   MIT HOHEM EINSATZ UND
ZU MIR   DIE FLAMMEN HABEN   HOHER
    SELBER»   MEIN WAHNGEBILDE   ANSTRENGUNG
             HEIDI   GEREINIGT   ALLES DAFÜR ZU TUN
                       UND SO WURDE ICH IN   DASS MAN
                       EIN LICHTVOLLERES   FUNKTIONIERT»
                            SINNSTIFTENDES   SAMUEL
                       DASEIN WIEDERGEBOREN»
                                     KATHRIN

«GESTÖRT ERZÄHLT»   «GESTÖRT ERZÄHLT»   «GESTÖRT ERZÄHLT»   «GESTÖRT ERZÄHLT»
DER MENSCH   DER MENSCH   DER MENSCH   DER MENSCH
HINTER DER DIAGNOSE   HINTER DER DIAGNOSE   HINTER DER DIAGNOSE   HINTER DER DIAGNOSE
      19. APRIL 2023   8. FEBRUAR 2023   15. MÄRZ 2023   24. MAI 2023
         20:00 UHR   20:00 UHR   20:00 UHR   20:00 UHR
        NEUBAD POOL   NEUBAD POOL   NEUBAD POOL   NEUBAD POOL

Plakate für die Gespräche „GESTÖRT ERZÄHLT" im Neubad Luzern.
... Posters for the talks GESTÖRT ERZÄHLT at Neubad Luzern.

...

..2/100
Max Reichert

■ A1   ▶ C   D

Yoga Kurs Komma
... Comma Yoga Course

KOMMA Esslingen

● Digitaldruck
... Digital Werkstatt für Reproduktion und Offsetdruck der ABK

... Projektbetreuung an der
... Project supervision at the Staatlichen Akademie der Bildenden Künste Stuttgart: Prof. Gerwin Schmidt

Plakat für einen Yoga-Kurs im Kulturhaus KOMMA in Esslingen.
... Poster for a yoga course at the KOMMA cultural centre in Esslingen.

...

..3/100   ■ A0   ▶ C   D
Pascal Putschka

(Re; Short-)Circuit of (Un-)Life
... (Re; Kurz-)Schaltung des (Un-)Lebens

... Projektauftrag an der Akademie   ● Digitaldruck
    der Bildenden Künste Nürnberg,   ... Digital
    Klasse Grafik-Design   Druckerei der AdBK
... Project commission at the
    Akademie der Bildenden Künste
    Nürnberg, Graphic Design Class

... Betreuung
... Supervision: Prof. Friederike
    Girst, Sophia Krasomil

Befragen
Bewerten
Bewegen
Bewerben
Bereichern
Bewerten
Verwerten
Verurteilen
Verwerfen
Verweilen
Verwerten
Verstehen

Das Plakat entstand innerhalb eines Seminars, in dem begleitend mit Künstlicher Intelligenz gestaltet und sich mit dieser auseinandergesetzt wurde. Stellt einen unendlichen, monotonen Kreislauf von Gedanken während des Prozesses des Gestaltens dar.
... The poster was created as part of a seminar in which artificial intelligence was designed and explored. It depicts an infinite, monotonous cycle of thoughts during the design process.

...

```
..4/100 strobo B M                    ■ ■ ■  A1                    ▶    A        D
Matthias Friedrich, Julian von Klier, Luis Schneider, Sabrina Baumann
```

Oscar Tuazon - Was wir brauchen
... Oscar Tuazon - What We Need

Kunsthalle Bielefeld   ● Offsetdruck
                                    ... Offset
                                    KAWI Druck

                                    ■ Serie von drei Plakaten
                                    ... series of three posters

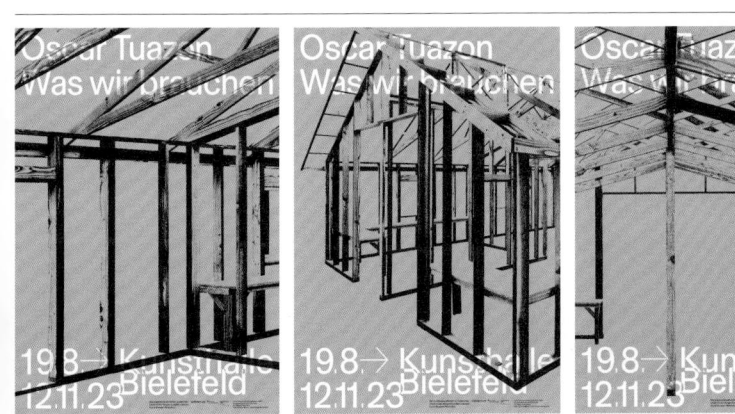

Plakatserie für die Ausstellung des Künstlers Oscar Tuazon in der Kunsthalle Bielefeld.
... Poster series for the exhibition of the artist Oscar Tuazon at the Kunsthalle Bielefeld.

...

| ..5/100 | | ■ ■ A1 | ▶ A   D |

Anja Kaiser

Riddle
... Rätsel

Projektgruppe Riddle   ● Offsetdruck
                              ... Offset
                                  Pinguin Druck

                              ■ Serie von zwei Plakaten
                              ... series of two posters

„Riddle" ist eine Veranstaltungsreihe und visuelle Übersetzung, die sich der Suche nach innovativer Gegenwartsmusik und Klangkunst widmet. Der Rätselcharakter des Ästhetischen bot Anlass für die Inszenierung der grafischen Module, welche ebenfalls online klanglich und interaktiv erweitert wurden: riddle.fyi.
... "Riddle" is a series of events and visual translations dedicated to the search for innovative contemporary music and sound art. The puzzling nature of the aesthetic provided the inspiration for the staging of the graphic modules, which were also expanded online in terms of sound and interactivity: riddle.fyi.

...

..6/100 Johnson / Kingston   ■ F4   ▶ A   CH
Michael Kryenbühl, Ivan Weiss

Relax or Rolex
... Entspannen oder Rolex

Affichage Public: ● Siebdruck
Cécile Nanjoud, Roger Gaillard ... Silkscreen

Plakat im Rahmen von „Affichage Public", Plakatausstellung mit acht Gestalterinnen und Gestaltern im öffentlichen Aushang in Genf rund um die Thematik „Work Work Work".
... Poster as part of Affichage Public, a poster exhibition with eight designers on public display in Geneva on the theme of "Work Work Work".

...

..7/100 ■ A1 ▶ A   D
Daniel Wiesmann
In C
Stadt Marl   ● Offsetdruck
                    ... Offset
                        Gallery Print

Das Tanzstück „In C" von Sasha Waltz wird weltweit in vielen Konstellationen unterrichtet und gespielt – bei dieser Aufführung war ein Blasorchester beteiligt. Die gepunktete Typografie ist von den Luftpartikeln inspiriert, die beim Spielen der Blasinstrumente bewegt werden.
... The dance piece "In C" by Sasha Waltz is taught and performed in many constellations worldwide – a wind orchestra was involved in this performance. The dotted typography is inspired by the air particles that are moved when the wind instruments play.

...

..8/100   ■ F4   ▶ A   CH
Erich Brechbühl, Felix Pfäffli

15 Jahre Südpol
... 15th Anniversary of Südpol

Südpol   ● Siebdruck
                                        ... Silkscreen
                                            Lézard Graphique

Plakat zum fünfzehnjährigen Bestehen des Mehrzweck-Kulturzentrums Südpol in Luzern.
... Poster for the 15th anniversary of the multi-purpose cultural centre Südpol in Lucerne.

...

..9/100 Cécile+Roger
Roger Gaillard, Cécile Nanjoud

■ F4 ▶ A CH

32e Fête de la Musique Genève
... 32. Genfer Musikfest
... 32nd Geneva Music Festival

Service culturel de la Ville de Genève

● Siebdruck
... Silkscreen
Duo d'Art

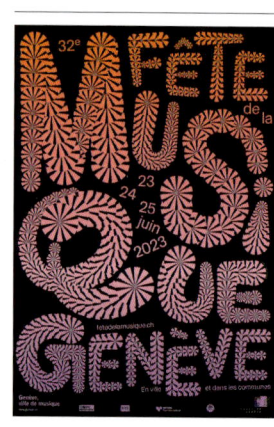

Jahresplakat für das 32. „Fête de la Musique" in Genf.
... Annual poster for the 32nd Music Festival in Geneva.
...

.10/100 Studio Anna Haas ■ ■ ■ ■   F4   ▶ A   CH
Anna Haas
Palace St.Gallen, November & Dezember 2023
Association Palace St.Gallen   ● Digitaldruck
                                        ... Digital
                                            Uldry
                                        ■ Serie von vier Plakaten
                                        ... series of four posters

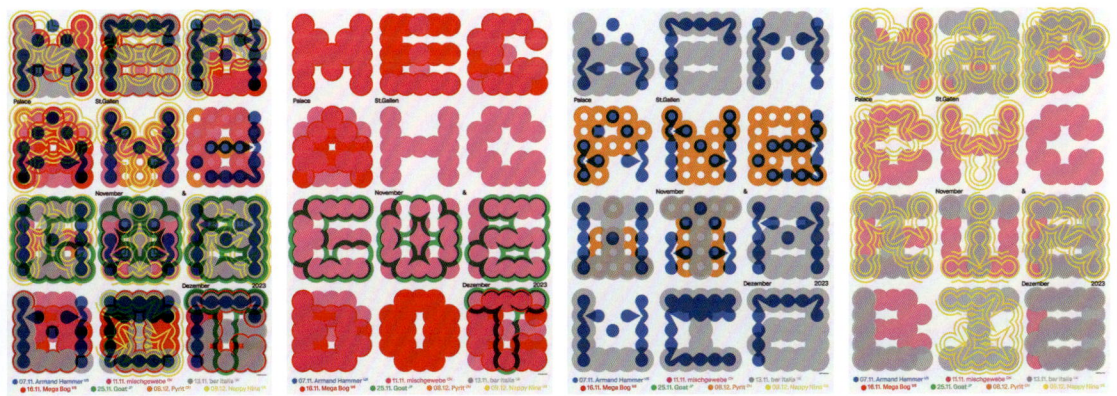

Programmvorschau für die Monate November und Dezember 2023 des Clubs Palace
in St.Gallen.
... Programme preview for the months of November and December 2023 at the
Palace Club in St.Gallen.

                                                                    ...

.11/100 2xGoldstein ■ ■ ■ A1 ▶ A D
Andrew Goldstein, Jeffrey Goldstein, Erik Schöfer, Joshua Kaiss

7980 Ravensburg. Alltag Apokalypse Autonomie
... 7980 Ravensburg. Everyday Apocalypse Autonomy

Museum Humpis-Quartier, Sabine Mücke ● Offsetdruck
... Offset
Stober Medien

■ Serie von drei Plakaten
... series of three posters

 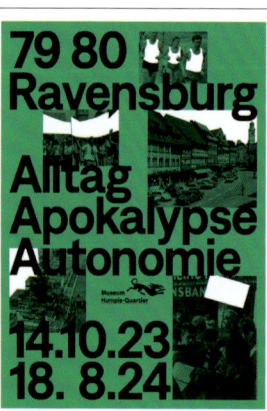 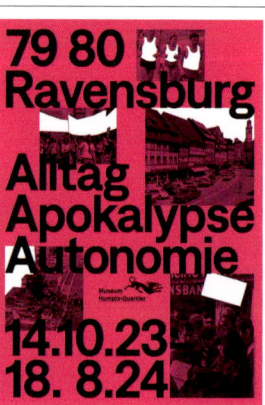

Die Ausstellung 7980 Ravensburg setzt sich mit der Zeit Ende der 70er/ Anfang der 80er Jahre in Ravensburg und in Deutschland auseinander. Zeitzeugen und Originalobjekte erzählen von dieser Umbruchphase. Immer wieder geht es um den Kampf im Alltag, der Angst vor der drohenden Apokalypse und der Suche nach Autonomie. Die Gestaltung nimmt die visuelle Sprache der damaligen Zeit auf.
... The exhibition 7980 Ravensburg deals with the period in the late 1970s and early 1980s in Ravensburg and in Germany. Contemporary witnesses and original artefacts tell of this period of upheaval. Again and again, it is about the struggle in everyday life, the fear of the impending apocalypse and the search for autonomy. The design takes up the visual language of the time.
...

```
.12/100  ZEBU                           ■  A1                    ▶  A         D
Dennis Gärtner, Lynn Lehmann
```
Berlin Half Marathon
... Berliner Halbmarathon

Berlin Braves Sports Club   ● Digitaldruck
                                     ... Digital
                                         Centralstation Druck + Kopie

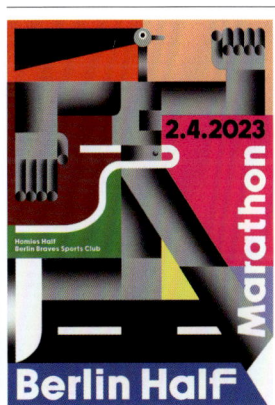

Plakat zur Teilnahme der Mitglieder des Berlin Braves Sports Club am Berliner Halbmarathon 2023.
... Poster for the participation of the members of the Berlin Braves Sports Club in the Berlin Half Marathon 2023.

...

```
.13/100  Büro Sequenz              ■   F4                    ▶   A      CH
Sascha Tittmann, Corina Gälli
```

Wortlaut - 15. St.Galler Literaturfestival
... Wortlaut - 15th St.Gallen Literature Festival

```
Wortlaut - St.Galler              ●   Inkjet
Literaturfestival                 ... Inkjet
                                      Druckerei Lutz
```

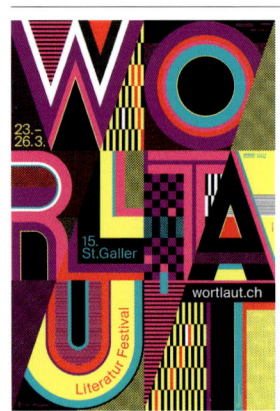

Plakatkampagne im Kontext weiterer Kommunikationsmittel (Programmheft, Webbanner, Signaletik etc.) für das alljährlich durchgeführte St.Galler Literaturfestival Wortlaut. Die Serie bespielt die gleichbleibende Aufteilung des Plakats jedes Jahr auf unterschiedliche Weise. Das Schwerpunktthema für das Jahr 2023 lautete „Sichtbarkeit und Literatur".
... Poster campaign in the context of other communication media (programme booklet, web banner, signage, etc.) for the annual St.Gallen literature festival Wortlaut. The series uses the same poster layout in different ways each year. The main theme for 2023 was "Visibility and Literature."

...

.14/100
Alena Stählin
... zusammen mit
... together with Tristesse

■ F4 ▶ A CH

Kunsttage Basel 2023

Kunsttage Basel

● Offsetdruck in Sonderfarben in Neonpink und Bronzemetallic
... Offset in special inks in neon pink and bronze metallic
Birkhäuser+GBC

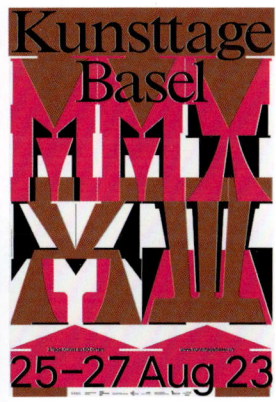

Plakat für die Kunsttage Basel 2023.
... Poster for the Kunsttage Basel 2023.

...

.15/100 Laucke Siebein
Johanna Siebein, Dirk Laucke

■ A1   ▶ A   D

KinderKulturMonat 2023
... Kids' Culture Month 2023

KinderKulturMonat/WerkStadt   ● Offsetdruck
Kulturverein e. V.   ... Offset
                                    Flyeralarm

Plakat für den KinderKulturMonat, der ein kostenloses Programm in Berliner
Kultureinrichtungen für Kinder von vier bis zwölf Jahren im Oktober organi-
siert. Der Titel ist aus dem „Klopslied" von Kurt Weill aus dem Jahr 1925.
... Poster for the KinderKulturMonat, which organises a free programme
in Berlin cultural institutions for children aged four to twelve in October.
The title is from the 1925 "Klopslied" by Kurt Weill.

...

.16/100
Dominik Keller, Jonas Huhn

24 Years Robert Johnson
... 24 Jahre Robert Johnson

Robert Johnson		
	● Offsetdruck	
	... Offset WIRmachenDRUCK	
	■ Serie von drei Plakaten	
	... series of three posters	

Der Techno-Club Robert Johnson feiert 24-jähriges Jubiläum.
... The Robert Johnson techno club celebrates its 24th anniversary.

...

.17/100 Tristesse
Julian Bauer, Gregor Brändli

Kaserne Basel, Kampagne zum Saisonstart
... Kaserne Basel, campaign to kick off the season

Kaserne Basel

● Digitaldruck
... Digital
   Uldry

■ Serie von vier Plakaten
... series of four posters

Auswahl von Plakaten aus der Kampagne zum Saisonstart der Kaserne Basel. Die Plakate hingen einzeln oder kombiniert als F12. Die Kaserne Basel gehört zu den wichtigsten großen Zentren der freien zeitgenössischen Theater-, Tanz-, Performance- und Populärmusikszene der Schweiz.
... Selection of posters from the campaign for the start of the Kaserne Basel season. The posters were hung individually or combined as F12. The Kaserne Basel is one of the most important centres of the independent contemporary theatre, dance, performance and popular music scene in Switzerland.
...

.18/100 Smile Initial Plus ■ ■ ■ ■   A0   ▶   A   D
Lorenz Fidel Huchthausen, Gabriela Kapfer

otto + JAJA

otto Restaurant + JAJA Wein   ● Digitaldruck
                                      ... Digital
                                          Zitrusblau

                                      ■ Serie von vier Plakaten
                                      ... series of four posters

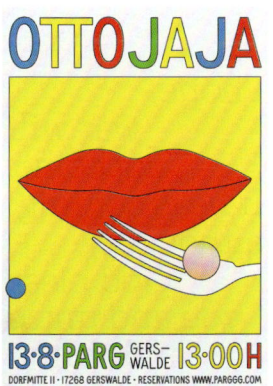   

Ankündigungsplakate des Restaurants otto und des Bistros JAJA Wein aus
Berlin für ein gemeinsames Dinner im brandenburgischen Gerswalde.
... Announcement posters of the restaurant otto and the bistro JAJA Wein
from Berlin for a joint dinner in Gerswalde, Brandenburg.

...

.19/100 Distaff Studio ■ ■ ■ ■ ■ A1 ▶ A D
Lea Sievertsen, Sarah Fricke, Pawel Wolowitsch

I said ‚Auf Wiedersehen' – 85 Jahre Kindertransport nach Großbritannien
... I said 'Auf Wiedersehen' – 85th Anniversary of the Kindertransporte to Great Britain

Berthold Leibinger Stiftung   ● Offsetdruck
                                    ... Offset
                                    Buch- und Offsetdruckerei
                                    H. Heenemann

                                    ■ Serie von fünf Plakaten
                                    ... series of five posters

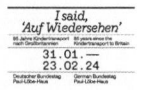

Die Gestaltung bezieht sich auf die Korrespondenz zwischen Kindern, ihren Eltern und Pflegeeltern während des Kindertransports 1938/39 und den Jahren danach.
... The design refers to the correspondence between children, their parents and foster parents during the Kindertransport of 1938/39 and the years that followed.

.20/100 Studio LA
Antoine Brack

17e Festival cinémas d'Afrique – Lausanne
... 17. Afrikanisches Film Festival Lausanne
... 17th African Cinema Festival Lausanne

Festival cinémas d'Afrique

● Digitaldruck
... Digital
   PCL Presses Centrales

■ Serie von zwei Plakaten
... series of two posters

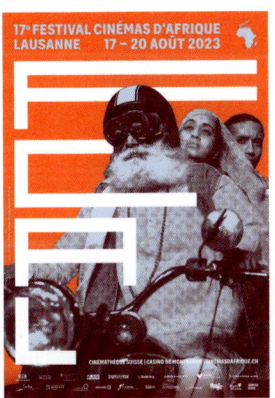
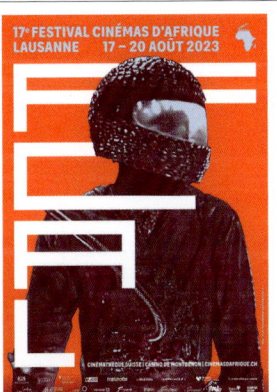

Plakatserie für das 17. Festival cinémas d'Afrique in Lausanne. Die für die Visuals verwendeten Bilder stammen aus den Filmen, die während des Festivals gezeigt wurden.
... Poster series for the 17th Festival cinémas d'Afrique in Lausanne. The images used for the visuals were taken from the films shown during the festival.

...

.21/100
Jonathan Körner, Maximilian Messer
■ A1
▶ A
D

Industrial Design Präsentationen 2023
... Industrial Design Presentations 2023

Industrial Design Department, Staatliche Akademie der Bildenden Künste Stuttgart	● Digitaldruck
	... Digital
	WIRmachenDRUCK

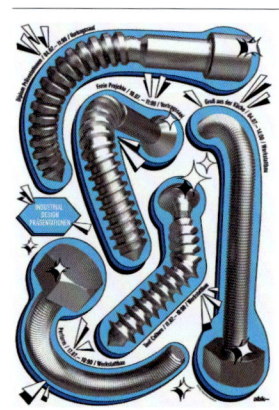

Plakat für die Präsentationen des Studiengangs Industrial Design an der Staatlichen Akademie der Bildenden Künste Stuttgart.
... Poster for the presentations of the Industrial Design programme at the Stuttgart State Academy of Art and Design.

...

.22/100 Fons Hickmann M23   ■ 140 × 100 cm   ▶ A   D
Fons Hickmann

Two is not a Number
... Zwei ist keine Zahl

Fantastic Twins   ● Digitaldruck
                                       ... Digital
                                           Studio Plott der UdK

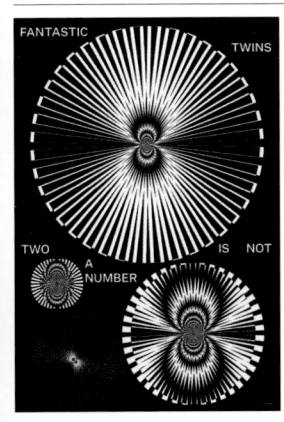

Fantastic Twins ist Julienne Dessagne, eine französische Komponistin und Sängerin elektronischer Musik aus Saint-Étienne. Ihre Lieder sind wie Dialoge zwischen den beiden Gehirnhälften, wie ein Duett, das in Einklang symbiotisch wird. Das Albumcover, die Poster und die Keyvisuals für ihr neuestes Projekt „Two Is Not A Number" spiegeln dies in zwei geometrischen Formen wider, die beim Verschmelzen eine optische Täuschung erzeugen.
... Fantastic Twins is Julienne Dessagne, a French composer and singer of electronic music from Saint-Étienne. Her songs are like dialogues between the two halves of the brain, like a duet that becomes symbiotic in unison. The album cover, posters and key visuals for her latest project "Two Is Not a Number" reflect this in two geometric shapes that create an optical illusion when they merge.

...

.23/100 Claudiabasel
Grafik + Interaktion: Adriano Diethelm, Jiri Oplatek

Temitayo Ogunbiyi

Museum Tinguely

● Siebdruck, zweifarbig
... Silkscreen, two-colour
Lézard Graphique

F4

A   CH

Plakat für die Personalausstellung der in Lagos (Nigeria) lebenden Künstlerin Temitayo Ogunbiy.
... Poster for the personal exhibition of the artist Temitayo Ogunbiy, who lives in Lagos, Nigeria.
...

.24/100 Onlab ■ ■ ■ ■ ■ F4 ▶ A CH
Thibaud Tissot, Vanja Golubovic, Matthieu Huegi

Robert

Musée d'art et d'histoire
Neuchâtel/Musée des beaux-arts
La Chaux-de-Fonds

● Digitaldruck (Bild)
  Siebdruck Neongrün (Schrift)
... Digital (image)
  neon green silkscreen (text)
  Duo d'Art

■ aus einer Serie von zehn Plakaten
... from a series of ten posters

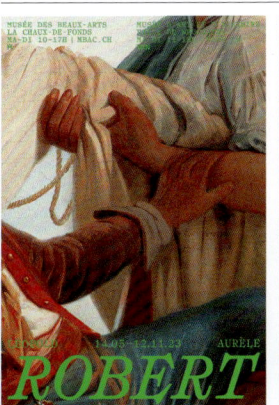   

Plakatserie für eine Doppelausstellung über die Brüder Léopold und Aurèle Robert im Musée des beaux-arts La Chaux-de-Fonds und Musée d'art et d'histoire Neuchâtel.
... Poster series for a double exhibition about the brothers Léopold and Aurèle Robert at the Musée des beaux-arts La Chaux-de-Fonds and Musée d'art et d'histoire Neuchâtel.

...

.25/100 ■ ■ A2   ▶ A   CH
Kai Damian Matthiesen

Queer Underground Movement Night Party
... Queere Untergrund-Bewegung Nacht Party

Gaskessel Bern   ● Digitaldruck
                                  ... Digital
                                      Schulz & Schulz

                                  ■ Serie von zwei Plakaten
                                  ... series of two posters

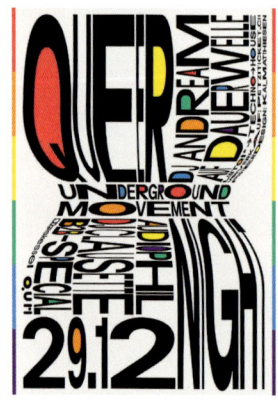 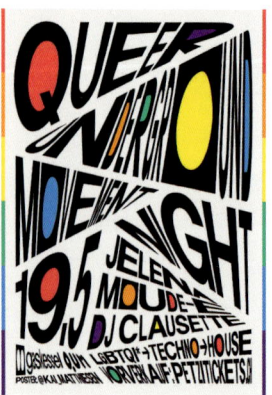

Die Queer Underground Movement Night im Gaskessel Bern ist eine LGBTQI+-Party-Serie mit Dragshows und Varieté-Performances aller Art. Durch wenige gestalterische Mittel bricht die Serie mit jeglicher Konvention der Typografie und Hierarchie und spielt als Inspiration mit den verschiedenen Übersetzungen des Wortes „Queer", als „schräg" im wörtlichen Sinn, und verwendet die Regenbogenfarben als Spaßmomente in der Komposition, inspiriert von Zirkus-Typografie.
... The Queer Underground Movement Night at Gaskessel Bern is an LGBTQI+ party series with drag shows and variety performances of all kinds. Through a few creative means, the series breaks with any convention of tpography and hierarchy and plays with the different translations of the word "queer" as inspiration, as "weird" in the literal sense, and uses the rainbow colours as fun moments in the composition, inspired by circus typography.
...

.26/100 Lamm & Kirch	■ A0	▶ A	D
Jakob Kirch, Florian Lamm			

Raul Walch: Azimut Tempelhof – Collective Kite Flying
... Raul Walch: Azimut Tempelhof – Gemeinsames Drachenfliegen

Raul Walch	● Offsetdruck
	... Offset
	Pinguin Druck

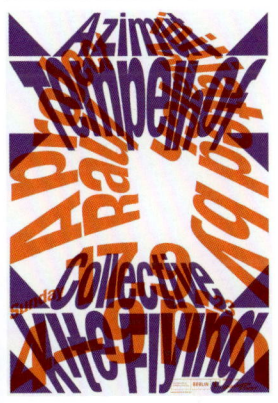

Plakat für die künstlerische Intervention auf dem Tempelhofer Feld Berlin mit großen Wind-Drachen.
... Poster for the artistic intervention on Tempelhofer Feld Berlin with large kites.

...

.27/100 gggrafik ■ A0 ▶ A   D
Götz Gramlich

Internationales Literaturfestival Berlin
... Berlin International Literature Festival

Internationales Literaturfestival   ● Offsetdruck auf Fluopapier
Berlin   ... Offset on fluorescent paper
                                     Flyeralarm

Vorsicht! Entflammbar! Auf den ersten Blick ist klar, dass Papier brennt. Auf den zweiten Blick bedeutet es aber auch, dass der Inhalt eines Buches Brände verursachen kann. Sehen wir den Phönix aufsteigen, den feuerfesten Vogel der Erleuchtung, oder ist gar der Frieden in Gefahr? Literatur kann unser Gemüt verdunkeln, aber sie kann auch erleuchten, verzaubern und Hoffnung geben.
... Caution! Flammable! At first glance, it's obvious that paper burns. At second glance, however, it also means that the contents of a book can cause fires. Do we see the phoenix rising, the fireproof bird of enlightenment, or is even peace atrisk? Literature can darken our minds, but it can also enlighten, enchant and offer hope.

...

.28/100 hesign International ■ A0 ▶ A D
Jianping He

Kieler Woche 2024

Kieler Woche ● Siebdruck
... Silkscreen
Lézard Graphique

Plakat und Identity Design für die Kieler Woche 2024. Die Kieler Woche ist ein jährlich stattfindendes Segel-Event in Kiel, die größte Segelveranstaltung in Europa und eines der größten Volksfeste in Deutschland, das jedes Jahr Millionen von Menschen aus ganz Deutschland und den Nachbarländern anzieht.
... Poster and identity design for Kieler Woche 2024. Kieler Woche is an annual sailing event in Kiel, the largest sailing event in Europe and one of the largest public festivals in Germany, attracting millions of people from all over Germany and neighbouring countries every year.

...

.29/100 hesign International Jianping He ■ ■   100 × 70 cm   ▶   A   D

DesignSummer - ReStart

Hesign (Hangzhou)

● Offsetdruck
... Offset
Shenzhen International Color Printing

■ Serie von zwei Plakaten
... series of two posters

Der 2008 ins Leben gerufene „Design Summer" ist ein internationaler Design-Workshop, der jährlich in Hangzhou, China, stattfindet. Während der zweiwöchigen Veranstaltung werden professionelle Design-Vorlesungen von einer Reihe international renommierter Grafikdesigner:innen angeboten.
... Launched in 2008, the Design Summer is an international design workshop that takes place annually in Hangzhou, China. During the two-week event, professional design lectures are offered by a number of internationally renowned graphic designers.

...

.30/100
Marinus Klinksik

Access Memory, Eastern Bloc #2
... Speicherzugriff, Ostblock #2

Access Memory   ● Digitaldruck
                       ... Digital
                       Pinguin Druck

13.01.2023
Access   Stevenson Eastern
Memory   Square,   Bloc
Presents: Manchester 20:00
                      -02:00

Plakat für eine Veranstaltung des Labels Access Memory in Manchester.
... Poster for an event organised by the Access Memory label in Manchester.

.31/100
Lukas Hoffmann

Kurzfilm Echo
... Short film Echo

Filmakademie Wien
... Projektbetreuung an der
... Project supervision at the
    Kunstuniversität Linz:
    Verena Panholzer

● Digitaldruck
... Digital
    Druckerei der Kunstuniversität
    Linz

■ Serie von zwei Plakaten
... series of two posters

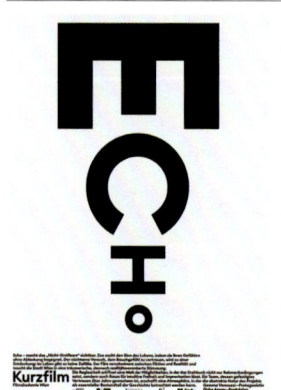

Kooperation mit Student:innen der Filmakademie in Wien. Echo ist ein Kurzfilm des Regisseurs Thomas Marciano, der dort entstand.
... Cooperation with students of the Film Academy in Vienna. Echo, which was made there, is a short film by director Thomas Marciano.
...

.32/100
Daniel Gascón Kovács

Kältetelefon
... Cold Phone

- ... Projektauftrag an der Universität für angewandte Kunst Wien, Klasse für Ideen
- ... Project commission at the University of Applied Arts Vienna, Class for Ideas
- ... Betreuung
- ... Supervision: Ander Pecher

- ● Digitaldruck
- ... Digital Fotowerkstatt der Universität für angewandte Kunst Wien

■ A1 ▶ C A

Im Rahmen eines Universitätskurses bestand die Aufgabe darin, ein Plakat für das Kältetelefon zu entwerfen, eine Initiative der Caritas, die Obdachlosen in Wien während der kalten Wintertage hilft. Die Gestaltung lässt Betrachter:innen die Kälte visuell spüren und wurde in weiterer Folge durch eine Kooperation für einen guten Zweck in Wien veröffentlicht.
... As part of a university course, the task was to design a poster for the Kältetelefon, a Caritas initiative that helps homeless people in Vienna during the cold winter days. The design allows viewers to visually feel the cold and was subsequently published in Vienna through a cooperation for a good cause.

...

```
.33/100 Studio Daniel Peter      ■ ■ ■   F4                    ▶   A      CH
Daniel Peter
```

Heimat. Auf Spurensuche in Mitholz
... Home. Searching for Clues in Mitholz

Alpines Museum der Schweiz   ● Digitaldruck
                                      ... Digital
                                          Multi Reflex

                                      ■ Serie von drei Plakaten
                                      ... series of three posters

Plakate für ein Ausstellungsprojekt des Alpinen Museums über Heimat, Erinnerung, Risiko und Verantwortung mit Menschen aus dem Bergdorf Mitholz.
... Posters for an exhibition project of the Alpine Museum about home, memory, risk and responsibility with people from the mountain village of Mitholz.

.34/100 Stahl R
Tobias Röttger, Susanne Stahl
... unter Verwendung eines Fotos von
... using a photograph by Phillip Zwanzig

■ A1   ▶ A   D

Aerocircus

RambaZamba Theater

● Offsetdruck
... Offset
　　Gallery Print

Plakat zur Ankündigung des Stückes „Aerocircus" des RambaZamba Theaters.
... Poster announcing the play *Aerocircus* by the RambaZamba Theatre.

...

.35/100 Claudiabasel
Grafik + Interaktion: Jiri Oplatek ■ F4 ▶ A CH

Ein Kafka-Projekt
... A Kafka Project

Theater Basel ● Siebdruck, dreifarbig
... Silkscreen, three-colour
Lézard Graphique

Plakat zu einem Schauspiel nach Franz Kafka, Konzept & Inszenierung: Saar Magal.
... Poster for a play based on Franz Kafka, concept and production by Saar Magal.
...

.36/100
Jakob Mayr, Kilian Wittmann

A Stuhl is a Tool
... A Stool is a Tool

P 1 Fidelius
P 2 Nonni

TREWIT

● Digitaldruck
... Digital
druck.at

■ Serie von zwei Plakaten
... series of two posters

 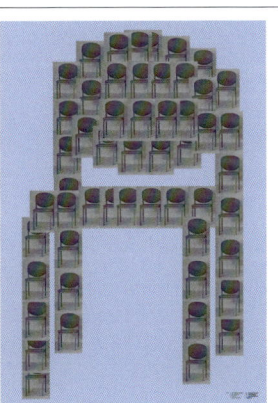

Anlässlich der Ausstellung des Möbelherstellers Trewit auf der Vienna Design Week entstand diese Plakatserie, die die Möbel auf ungewohnte Art abbildet. Nach dem Motto „Funktion formt, Form funktioniert".
... This poster series, which depicts the furniture in an unusual way, was created for the exhibition by furniture manufacturer Trewit at Vienna Design Week according to the motto "Function forms, form functions."

.37/100
Tim Ballaschke

■ A1   ▶ C   D

Geschirrrückruf
... Crockery recall

... Projektauftrag an der Hochschule für bildende Künste Hamburg
... Project commission at the Hochschule für bildende Künste Hamburg

● Digitaldruck
... Digital Druckerei der HFBK

... Betreuung
... Supervision: Ingo Offermanns

Die Mensa der HFBK Hamburg wünschte sich ein Plakat, welches die Studierenden auf eine freundliche Weise dazu auffordern sollte, fehlendes Geschirr
zurückzubringen.
... The refectory of the HFBK Hamburg wanted a poster that would encourage
students to bring back missing crockery in a friendly way.

...

```
.38/100 Shortnotice Studio      ■ ■ ■   A0          ▶   A       D
Sascia Reibel, Hagen Tanneberger, Sophia Krasomil, Mathias Lempart
```

Das Denkmal ist ...
... The monument is ...

Stiftung Friedliche Revolution   ● Offsetdruck
                                        ... Offset
                                            Druckhaus Sportflieger

                                        ■ Serie von drei Plakaten
                                        ... series of three posters

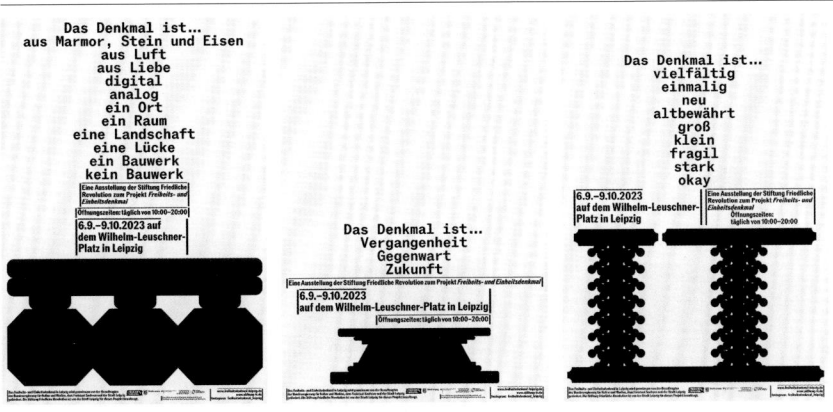

Plakat anlässlich der Ausstellung „Das Denkmal ist ..." zum Freiheits- und
Einheitsdenkmal in Leipzig. In Leipzig entsteht ab 2025 auf dem Wilhelm-
Leuschner-Platz ein nationales Freiheits- und Einheitsdenkmal, um die Erin-
nerung an die Friedliche Revolution vom Herbst 1989 in Gegenwart und
Zukunft lebendig zu halten.
... Poster for the exhibition *The monument is* ... for the Freedom and Unity
Monument in Leipzig. From 2025, a national Freedom and Unity Monument
will be built on Wilhelm-Leuschner-Platz in Leipzig to keep the memory of
the Peaceful Revolution of autumn 1989 alive in the present and future.

...

.39/100
Marc Roecker, Linus Geiss

■ ■ ■ A1 ▶ C D

Ausstellung der Abschlussarbeiten Master Architektur & Diplome Design
... Exhibition of final theses for the Masters in Architecture & Diploma in Design

... Projektauftrag an der Staatlichen Akademie der Bildenden Künste Stuttgart
... Project commission at the Staatliche Akademie der Bildenden Künste Stuttgart

● Digitaldruck
... Digital WIRmachenDRUCK

■ Serie von drei Plakaten
... series of three posters

... Betreuung
... Supervision: Prof. Uli Cluss

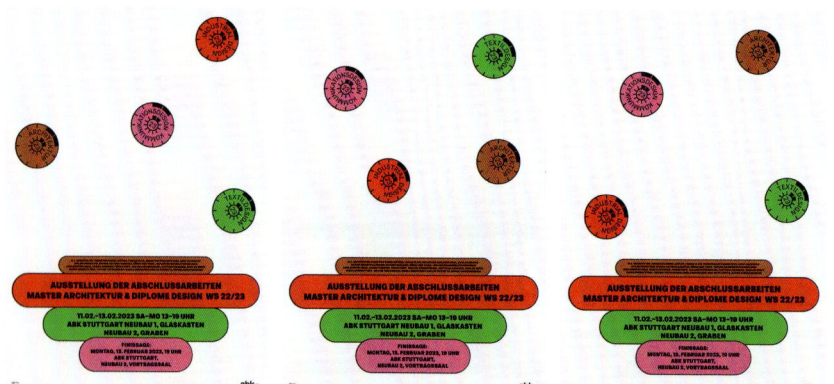

Ausstellung der Abschlussarbeiten Master Architektur & Diplome Design. Die einzelnen Studiengänge wurden mit ‚Prüfungssiegeln' dargestellt.
... Exhibition of Masters in Architecture & Diploma in Design theses. Each of the degree programmes were presented with 'seals of approval.'
...

.40/100 Lamm & Kirch
Jakob Kirch, Florian Lamm

■ F4   ▶ A   D

Lighten Up! On Biology and Time
... Über Biologie und Zeit

EPFL Pavilions

● Offsetdruck
... Offset
JCM Werbedruck

■ aus einer Serie von zwei Plakaten
... from a series of two posters

Ausstellungsplakate, die im Rahmen der Corporate Identity 2023 für EPFL Pavilions Lausanne entstanden sind.
... Exhibition posters created as part of the 2023 corporate identity for EPFL Pavilions Lausanne.

...

.41/100
Nicolas Bernklau (Bureau Bernklau), Johannes Kuhn
... unter Verwendung eines Fotos von
... using a photograph by Elfin

■ A0   ▶ A   CH

PHRE Festival

Import Export   ● Digitaldruck
                                 ... Digital
                                     WIRmachenDRUCK

Plakat für das PHRE Festival im Import Export München. PHRE ist ein internationales Festival für experimentelle Popmusik. Der Name ist inspiriert durch den Afrofuturisten Sun Ra.
... Poster for the PHRE Festival at Import Export Munich. PHRE is an international festival for experimental pop music. The name is inspired by the Afrofuturist Sun Ra.

...

.42/100
Janice Beck

Am I?
... Bin ich?

P 1 Spontaneous
    Spontan
P 2 Thinking
    Denken

... Projektauftrag an der Hochschule
    für Gestaltung und Kunst Basel,
    Institut Digitale Kommunikations-
    Umgebungen
... Project commission at the Basel
    Academy of Art and Design,
    Institut Digitale Kommunikations-
    Umgebungen

... Betreuung
... Supervision: Jiri Oplatek

● Digitaldruck
... Digital
    Druckerei der HGK

■ aus einer Serie von drei Plakaten
... from a series of three posters

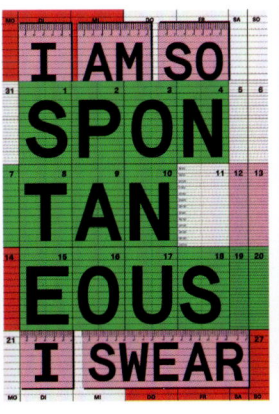 

Grafischer Ausdruck von vermeintlichen Charakterzügen.
... Graphic expression of supposed character traits.

.43/100 Claudiabasel
Grafik + Interaktion: Jiri Oplatek

■ F4   ▶ A   CH

Vergeigt
... Messed Up

Theater Basel

●   Siebdruck, dreifarbig
... Silkscreen, three-colour
     Lézard Graphique

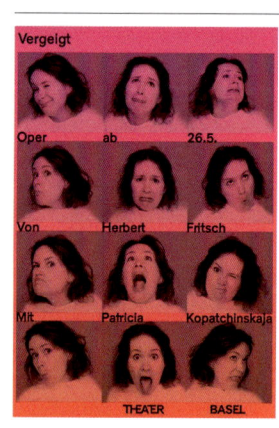

Plakat zur Musiktheater-Produktion „Vergeigt" von Herbert Fritsch.
... Poster for the music theatre production *Vergeigt* by Herbert Fritsch.
...

.44/100 Neue Gestaltung
Anna Bühler, Pit Stenkhoff

■ A0　　　▶ A　　D

Ein bisschen Ruhe vor dem Sturm
... A Little Calm Before the Storm

Staatstheater Mainz

● Offsetdruck
... Offset
Cewe Print

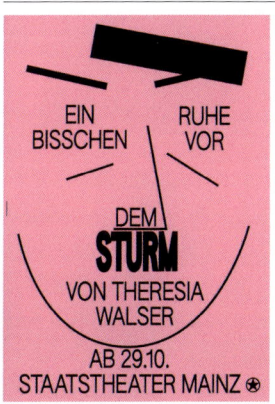

Premierenplakat für das Staatstheater Mainz.
... Premiere poster for the Staatstheater Mainz.

...

.45/100 gggrafik
Götz Gramlich

Rhizom
... Rhizome

Bundesgartenschau Mannheim 2023

■ 100 × 70 cm

▶ A   D

● Siebdruck, dreifarbig auf Silphiepapier
... Silkscreen, three-colour on Silphie paper
Serigrafie Lauer

Plakat für das Eröffnungskonzert der Bundesgartenschau zum Thema „Rhizom", das unterirdische Pflanzensystem, das alles miteinander verbindet.
... Poster for the opening concert of the Federal Garden Show on the theme of "Rhizome," the underground plant system that connects everything.
...

.46/100
Annina Linggi

| ■ F4 | ▶ B CH |

male gaze
... Männlicher Blick

... Eigenauftrag   ● Digitaldruck
... The designer   ... Digital
                             Uldry

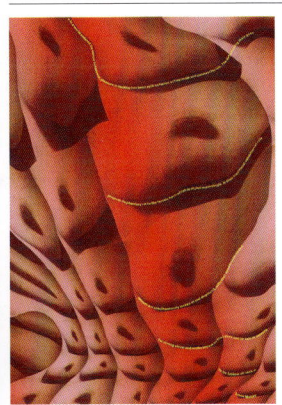

Auseinandersetzung mit Laura Mulvey über den „male gaze" - der bestimmende männliche Blick formt die weibliche Darstellung gemäß seiner eigenen Fantasien und prägt ihn.
... Discussion with Laura Mulvey about the male gaze, which moulds and characterises female representation according to his own fantasies.

...

.47/100   ■ F4   ▶ C   CH
Niclas Funk, Dennis Vugts, Marc Iselin

Laut, Frech, Nasty
... Loud, Sassy, Nasty

Filmpodium Zürich   ● Siebdruck
                                       ... Silkscreen
... Projektbetreuung an der   Hagmann Siebdruck
... Project supervision at the
    Zürcher Hochschule der Künste:
    Rebecca Morganti Pfaffhauser,
    Jonas Voegeli

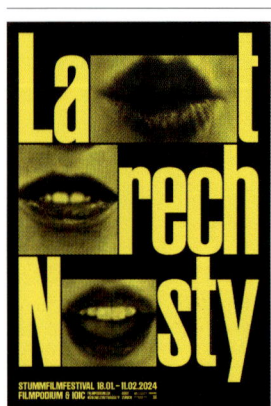

Extrakurrikulärer Wettbewerb für Studierende in Kooperation der ZHdK und
dem Filmpodium, das jährlich ein Stummfilmfestival organisiert.
... Extracurricular competition for students in cooperation with the ZHdK
and the Filmpodium, which organises an annual silent film festival.

...

```
.48/100 Badesaison              ■   F4              ▶   A      CH
Lukas Ackermann
... zusammen mit
... together with Moriz Oberberger (Illustration)
```

Kampus Fest

Kampus Südpol   ●   Siebdruck
                                     ... Silkscreen
                                         Lézard Graphique

Plakat für den Tag der offenen Tür des Kampus Südpol in Luzern.
... Poster for the open day of the Kampus Südpol in Lucerne.

.49/100 Pank
Kleon Medugorac, Paula Troxler
... zusammen mit
... together with Martin „Fuzzy" Härtlein
    (Tool-Programmierung/tool programming)

■ ■   F4   ▶ A   CH

Jazz Festival Willisau 2023

Jazz Festival Willisau   ● Digitaldruck
                                  ... Digital
                                      J.E. Wolfensberger

                                  ■ aus einer Serie von zwei Plakaten
                                  ... from a series of two posters

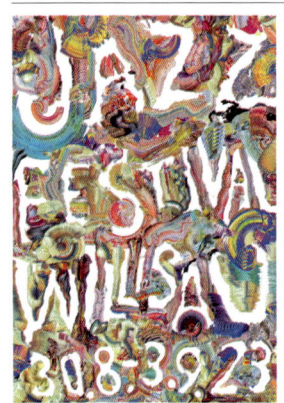

Plakat für das Jazz Festival Willisau, gestaltet wurde eine weitere Variante im Format F12.
... Poster for the Willisau Jazz Festival, another version was designed in F12 format.
...

```
.50/100 Claudiabasel                    ■  F4              ▶   A      CH
Grafik + Interaktion: Nevin Goetschmann, Jiri Oplatek
```

S AM - Homo Urbanus

S AM - Schweizerisches   ● Siebdruck, dreifarbig
Architekturmuseum   ... Silkscreen, three-colour
                               Hagmann Siebdruck

Plakat für die Ausstellung „Homo Urbanus - A Citymatographic Odyssey by Bêka & Lemoine" im Schweizerischen Architekturmuseum.
... Poster for the exhibition *Homo Urbanus - A Citymatographic Odyssey by Bêka & Lemoine* at the Swiss Architecture Museum.

...

```
.51/100  Bureau Progressiv            ■   100 × 70 cm              ▶    A         D
Benjamin Kivikoski, Philipp Staege
... zusammen mit
... together with Christoph Reinicke (Praktikant/trainee)
```

Mut zur Wut - 12th International Poster Competition
... 12. internationaler Plakatwettbewerb

Mut zur Wut e. V.   ● Siebdruck
                                        ... Silkscreen
                                            Serigrafie Lauer

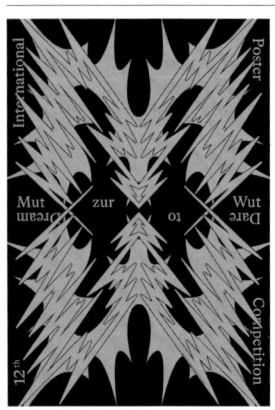

Plakat zum 12. Internationalen Plakatwettbewerb „Mut zur Wut" - Aufruf zum plakativen Ausdruck der eigenen Meinung.
... Poster for the 12th International Mut zur Wut Poster Competition - a call to express personal opinions in posters.
...

.52/100 WePlayDesign
Sophie Rubin, Cédric Rossel

Festival FILMAR 2023

Festival FILMAR en América Latina

● Digitaldruck
... Digital
    Uldry

■ Serie von drei Plakaten
... series of three posters

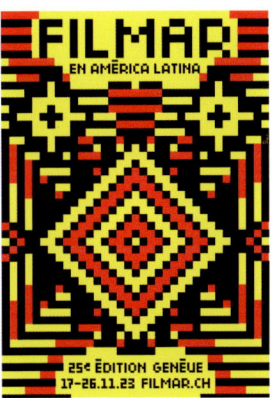

Plakate für die Ausgabe 2023 des Filmfestivals FILMAR en América Latina.
... Posters for the 2023 edition of the film festival FILMAR en América Latina.

.53/100
Alessio Borando, Jasmina Zarlenga ■ F4 ▶ B CH

Look at me
... Sieh mich an

... Eigenauftrag   ● Digitaldruck
... The designers   ... Digital
                              Multi Reflex

Einreichung für den Newcomer Award des Plakatfestivals Weltformat 2023.
... Submission for the Newcomer Award of the poster festival Weltformat 2023.

...

.54/100 Fons Hickmann M23 ■ A0 ▶ A D
Fons Hickmann, Raúl Kokott, Bjœrn Wolf

Haltet euch fest!
... Hold on tight!

Mecklenburgisches Staatstheater   ● Offsetdruck
                                  ... Offset

Das Spielzeitmotto „Haltet euch fest" ist nicht nur ein Aufruf zum Abenteuer, sondern auch eine gesellschaftsrelevante Botschaft des Mecklenburgischen Staatstheater. Tradierte Ikonographie beginnt ein ironisches Wechselspiel mit Symbolen politischer Vergangenheit und den Bedürfnissen zeitgenössischer Gesellschaft. Es fordert das Publikum auf, sich auf eine Reise durch die Zeit zu begeben, in der Kunst und Kultur als Spiegel und Kritik gesellschaftlicher Entwicklungen dienen.
... The season's motto "Hold on tight" is not just a call to adventure, but a socially relevant message from the Mecklenburg State Theatre. Traditional iconography enters into an ironic interplay with symbols of the political past and the needs of contemporary society. It invites the audience to embark on a journey through time, in which art and culture serve as a mirror and critique of social developments.

.55/100 nathow & geppert ■ ■ ■ ■   A1   ▶   A   D
Johannes Nathow, Florian Debour-Geppert

Festival des freien Theaters ohne Haus, Ankündigungsplakate
... Festival of independent theatre without a venue, Announcement posters

P 1 Vollgas   P 4 Ohne Grund
     Full Throttle   Groundless
P 2 Hamlet   P 5 Festivalplakat
     Hamlet   Festival poster
P 3 Short Cuts
     Short Cuts

THTR 2023, Florian Parker   ●   Offsetdruck
                                 ... Offset
                                      WIRmachenDRUCK

                                 ■   Serie von fünf Plakaten
                                 ... series of five posters

 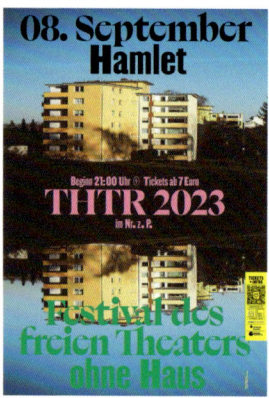  

Ankündigungsplakate für ein Theaterfestival und die dort aufgeführten Stücke.
... Announcement posters for a theatre festival and the plays performed there.

.56/100 gggrafik ■ 100 × 70 cm ▶ A D
Götz Gramlich

Exit Strategy
... Ausstiegsstrategie

Muting The Noise/Innervisions   ● Siebdruck, dreifarbig auf
schwarzem Papier
... Silkscreen, three-colour on
black paper
Serigrafie Lauer

Begleitend zu den Releases EP's 37 - 46 von Exit Strategy/Innervisions
gibt es dieses Plakat, das die neun Stufen der Verwesung (Kusozu - Nine
stages of decay) zeigt.
... This poster, which shows the nine stages of decay (Kusozu) accompanies
the releases EP's 37 - 46 by Exit Strategy/Innervisions.

...

.57/100
Daniel Wiesmann

Cheese Berlin
Markthalle Neun

■ A0 ▶ A D

● Digitaldruck
... Digital
    Flyeralarm

Die Cheese Berlin ist seit 2012 eine der bedeutendsten Veranstaltungen rund um handwerklich hergestellten Käse in Deutschland.
... Cheese Berlin has been one of the most important events for artisan cheese in Germany since 2012.

...

.58/100

Annina Linggi
... unter Verwendung von Fotos von
... using photographs by Getrud Vogler

31 Jahre Platzspitz Zürich – und jetzt?!
... 31 Years of the Platzspitz Zürich – what now?!

P 1 Soll nächstens die Platzspitzanlage mit Stacheldraht umzäunt werden und mit Drogenzoo Zürich angeschrieben werden?
Should the Platzspitz area soon be fenced in with barbed wire and labelled Drug Zoo Zurich?

P 2 Haschisch, Haschisch, Graaas
Hashish, Hashish, Graaasss

P 3 Liebe Nichtfixerinnen, Liebe Nichtfixer ...
Dear Non-Junkies ...

P 4 Bitte nicht füttern
Please do not feed

... Bachelor-Arbeit in Visueller Kommunikation mit Vertiefung in Graphic Design an der Hochschule Luzern – Design Film Kunst
... Bachelors thesis in Visual Communication with a concentration in Graphic Design at the Lucerne University of Applied Sciences and Arts – Design, Film and Art

... Betreuung
... Supervision: Megi Zumstein

● Siebdruck/Digitaldruck
... Silkscreen/digital
Eigendruck
... The designer

■ Serie von vier Plakaten
... series of four posters

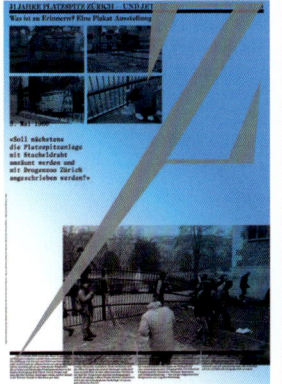 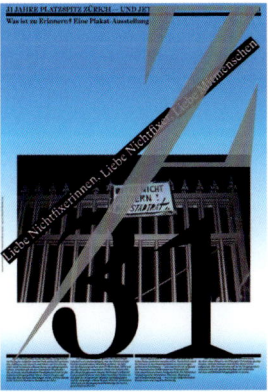 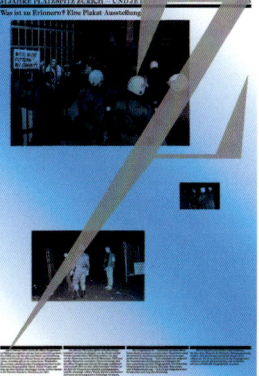

Eine fiktive Plakatintervention vor Ort zur bewegten Geschichte der ehemaligen offenen Drogenszene am Platzspitz.
... A fictitious on-site poster intervention on the eventful history of the former open drug scene at Platzspitz.

.59/100
Niklaus Troxler   ■ F4   ▶ B   CH

... und Friede den Menschen auf Erden
... ... and on earth peace among people

... Eigenauftrag   ● Siebdruck
... The designer   ... Silkscreen
                                Lézard Graphique

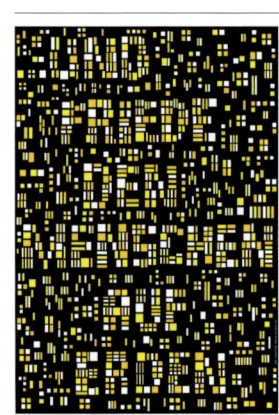

Plakatbotschaft zum neuen Jahr. Aushang örtlich beschränkt in meinem Wohnort Willisau.
... Poster message for the new year. Displayed only in my place of residence Willisau.
...

```
.60/100 Hammer                    ■ ■   F4              ▶    A      CH
David Schatz, Sereina Rothenberger, Jana Hofmann
... unter Verwendung von Fotos von
... using photographs by Diana Pfammatter
```

Kunst Halle Sankt Gallen

```
P 1 Alexandra Bachzetsis: Notebook
P 2 Agnes Scherer: Ein seltsames Spiel
    Agnes Scherer: A Strange Game
```

Kunst Halle Sankt Gallen	●	Siebdruck
	...	Silkscreen
		Lézard Graphique
	■	aus einer fortlaufenden Serie von Plakaten
	...	from an ongoing series of posters

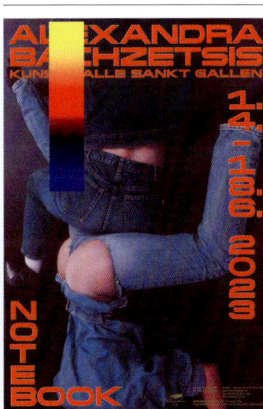 

Die Plakate bewerben die Ausstellungen der Kunst Halle Sankt Gallen und werden jeweils in enger Zusammenarbeit mit den Künstler:innen konzipiert.
... The posters advertise the exhibitions at Kunst Halle Sankt Gallen and are designed in close collaboration with the artists.

...

.61/100 babyinktwice
Dafi Kühne ■ 97 × 64 cm ▶ A CH

Typographic Disillusion
... Typografische Ernüchterung

Typographic Printing Program   ● Buchdruck mit einem hange-
schnittenen Linolschnitt und ge-
gossenen Ludlow Bleizeilen auf
Spiegelpapier
... Letterpress print with a hand-
cut linocut and Ludlow cast metal
typeset lines on mirror paper

... Eigendruck, zusammen mit
Sabrina Öttl
... The designer, together with
Sabrina Öttl

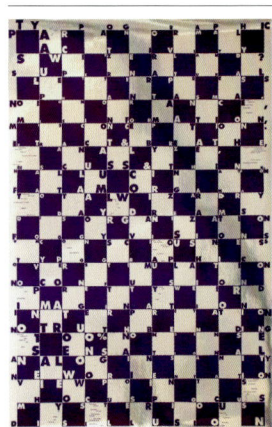

Typographic Desillusion ist das Thema des Workshops Typographic Printing
Program 2024. Die Illusion/Verzerrung auf dem Schachbrettmuster entsteht
rein durch die strategische Platzierung der Buchstaben. Der Raster an
sich ist zu 100 % rechtwinklig.
... Typographic Disillusion is the theme of the 2024 Typographic Printing
Program workshop. The illusion/distortion on the chessboard pattern is created purely by the strategic placement of the letters. The grid itself
is 100 % rectangular.

...

.62/100
Chiara Toteda, Lukas Rösener

Interwoven
... Verwoben

... Projektauftrag an der Hoch-
schule Düsseldorf, FB New Craft
Object Design
... Project commission at the
Düsseldorf University of Applied
Sciences, New Craft Object
Design Dpt.
... Betreuung
... Supervision: Hilde Gahlen

● Digitaldruck/Lasercut
... Digital/laser cut
Druckerei der Hochschule Düssel-
dorf, Architektur Werkstatt

■ Serie von zwei Plakaten
... series of two posters

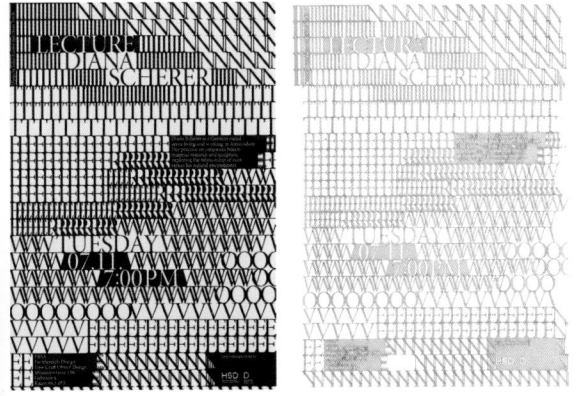

Plakate für einen Vortrag an der Peter Behrens School of Arts der Künstlerin Diana Scherer, deren Praxis die Bereiche Botanik, Materialforschung
und Skulptur umfasst.
... Posters for a lecture at the Peter Behrens School of Arts by artist
Diana Scherer, whose practice encompasses botany, materials research and
sculpture.

...

.63/100 ■ A1 ▶ C D
Ossian Osborne, Johanna Mehner

summaery2023, Typografie & Schriftgestaltung
... summaery2023, Typography & Typeface Design

... Projektauftrag an der Bauhaus-Universität Weimar
... Project commission at the Bauhaus-Universität Weimar

● Siebdruck
... Silkscreen
Druckwerkstatt der Bauhaus-Universität Weimar

... Betreuung
... Supervision: Charlotte Rohde, Marcel Saidov

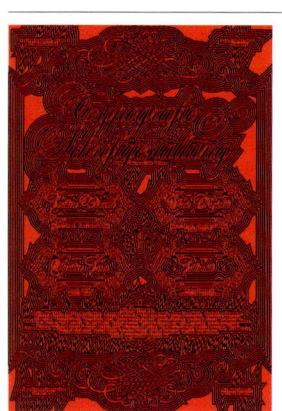

Plakat für die Jahresschau „Summaery2023" studentischer Projekte der Professur Typografie & Schriftgestaltung im Studiengang Visuelle Kommunikation an der Bauhaus-Universität Weimar. Der Originaldruck in Schwarz auf Neonrot.
... Poster for the annual exhibition *Summaery2023* of student projects of the Chair of Typography & Type Design in the Visual Communication programme at the Bauhaus-Universität Weimar. The original print is black on neon red.
...

.64/100 Badesaison
Lukas Ackermann

■ F4 ▶ A CH

Volumes 2023

Volumes

● Siebdruck
... Silkscreen
Lézard Graphique

Plakat für die 10. Ausgabe der „Volumes Art Publishing Days" 2023 in Zürich.
... Poster for the 10th edition of the Volumes Art Publishing Days 2023 in Zurich.

...

.65/100
Melchior Imboden
Zeitzeugen im Weltformat - Schweizer Plakatkunst
... Contemporary Witnesses at Weltformat - Swiss Poster Art

■ F4   ▶ A   CH

Dreiländermuseum   ● Siebdruck
                                ... Silkscreen
                                Lézard Graphique

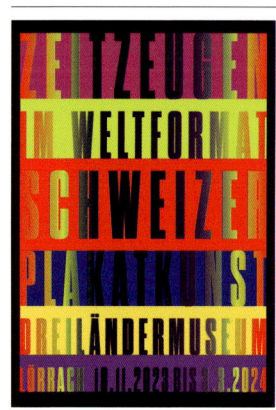

Plakatausstellung „Zeitzeugen im Weltformat - Schweizer Plakatkunst 1940 bis heute" im Dreiländer Museum in Lörrach, 2023 bis 2024.
Poster exhibition *Contemporary*
... *Witnesses at Weltformat - Swiss Poster Art from 1940 to Today* at the Dreiländer Museum in Lörrach, 2023 to 2024.

...

.66/100 Studio Marie Cuennet ■ ■ ■ ■   F4   ▶   A   CH
Marie Cuennet

Kunsthaus Biel, Eröffnungskampagne 2023
... Kunsthaus Biel, Opening Campaign 2023

P 1 Es war cool, dann habe ich Hunger bekommen
     It was cool, then I got hungry
P 2 Gar nicht so schlechte Kunst
     Not such bad art
P 3 Bei mir zuhause ist mehr los
     There's more going on at my house
P 4 Schlimmer geht's immer
     It could be worse

Kunsthaus Pasquart   ● Digitaldruck
                                        ... Digital
                                        Uldry

                                        ■ aus einer Serie von fünf Plakaten
                                        ... from a series of five posters

Plakate einer Kampagne für den städtischen Raum zur Neueröffnung des Kunsthauses Biel mit Wechsel der Direktion, für die Sprüche aus Gästebüchern des Kunsthauses auf weißen Flächen reproduziert werden. Das Kunsthaus lässt somit die Besucher reden: positiv und negativ. Insgesamt wurden 30 verschiedene Sprüche ausgesucht und während zwei Wochen im Wechsel in der Stadt gezeigt.
... Posters for a campaign for the urban space for the reopening of the Kunsthaus Biel with a change of management, for which quotes from the Kunsthaus guest books are reproduced on white surfaces. The Kunsthaus thus allows visitors to speak: positively and negatively. A total of 30 different quotes were selected and displayed alternately throughout the city for a fortnight.

...

.67/100
Dabin Kim

Jazz & Pop Festival

Staatliche Hochschule für Musik
und Darstellende Kunst Stuttgart

... Projektbetreuung an der
... Project supervision at the
    Staatlichen Akademie der
    Bildenden Künste Stuttgart:
    Prof. Patrick Thomas

■ A1 ▶ C D

● Digitaldruck
... Digital
    WIRmachenDRUCK

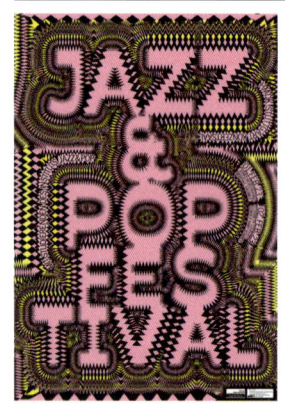

Plakat für das 8. Jazz & Pop Festival der HMDK.
... Poster for the 8th Jazz & Pop Festival at HMDK.
...

.68/100
Erik Anton Reinhardt

Dissonance Within
... Innere Dissonanz

Zwitschermaschine ● Digitaldruck
... Digital
WIRmachenDRUCK

Plakat zur Bewerbung der Participatory-Art-Ausstellung „Dissonance Within"
im Kunstraum Zwitschermaschine Berlin.
... Poster promoting the participatory art exhibition *Dissonance Within*
at Kunstraum Zwitschermaschine Berlin.

...

.69/100
Sam Steiner

Klubnacht: Sarah Wild, ENVSRL und Guy de Prà
... Club Night: Sarah Wild, ENVSRL and Guy de Prà

Netzwerk Neubad   ● Digitaldruck
                                   ... Digital
                                       Multi Reflex

Plakat für die Klubnacht mit Sarah Wild, ENVSRL und Guy de Prà vom 15. April 2023 im Neubad Luzern.
... Poster for the club night with Sarah Wild, ENVSRL and Guy de Prà on 15 April 2023 at Neubad Luzern.

...

.70/100 Modo ■ F4 ▶ A CH
Pia Niebling, Philip Kerschbaum

Vortrag von Anna Haas
... Lecture by Anna Haas

Alumni HF KGD ● Digitaldruck
... Digital
Copy Art/Druckerei der Schule
für Gestaltung St.Gallen

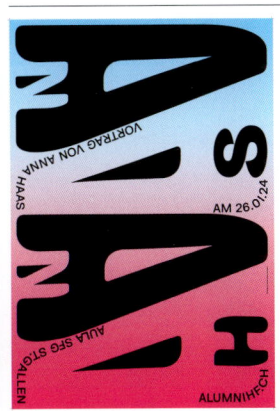

Plakat zur Bewerbung des Fachreferats von Anna Haas an der Schule für Gestaltung St.Gallen. Die international renommierte Grafikdesignerin (Mitglied der Alliance Graphique Internationale) und Illustratorin gibt Einblick in ihr umfassendes Schaffen.
... Poster advertising Anna Haas' lecture at the St.Gallen School of Design. The internationally renowned graphic designer (member of the Alliance Graphique Internationale) and illustrator offers insights into her extensive work.

.71/100 HOMI
Christian Hofer, Lea Michel

■ A1   ▶ A   CH

Surface Treatments - 150 Jahre Zeit
... Surface Treatments - 150 Years of Time

Villa Merkel, Galerie der Stadt
Esslingen

● Offsetdruck
... Offset
Offizin Scheufele Druck
und Medien

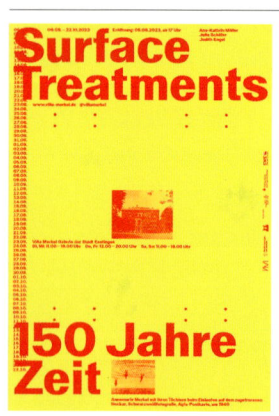

Plakat für die Ausstellung „Surface Treatments - 150 Jahre Zeit" von Ann-Kathrin Müller, Julia Schäfer, Judith Engel, kuratiert von Laura Becker.
... Poster for the exhibition *Surface Treatments - 150 Years of Time* by Ann-Kathrin Müller, Julia Schäfer, Judith Engel, curated by Laura Becker.
...

```
.72/100 Neue Gestaltung                    ■   A0                    ▶  A         D
Anna Bühler, Nina Odzinieks, Pit Stenkhoff
```

Hannah und ihre Schwestern
... Hannah and Her Sisters

Staatstheater Mainz   ●   Offsetdruck
                                           ... Offset
                                               Cewe Print

Premierenplakat für das Staatstheater Mainz.
... Premiere poster for the Staatstheater Mainz.

...

.73/100 Claudiabasel
Grafik + Interaktion: Jiri Oplatek   ■ F4   ▶ A   CH

ON/OFF - IGNM Bern

IGNM Bern   ● Siebdruck, zweifarbig
                                       ... Silkscreen, two-colour
                                       Lézard Graphique

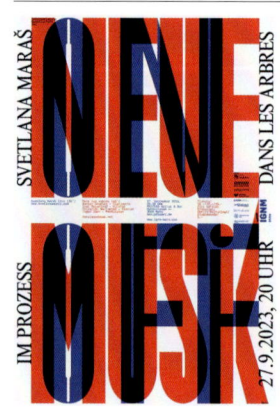

Plakat für die die IGNM Bern. In ON OFF trifft improvisierte, analoge auf komponierte, digitale Musik; und ein vierköpfiges Ensemble auf eine Solokünstlerin. Die IGNM Bern zeigt einen spannenden Kontrast auf diversen Ebenen.
... Poster for the IGNM Bern. In ON OFF, improvised, analogue music meets composed, digital music; and a four-piece ensemble meets a solo artist. IGNM Bern presents an exciting contrast on various levels.

...

.74/100 Studio Laurenz Brunner ■ ■ ■   F4   ▶   A   CH
Laurenz Brunner, Sasha Stavnichuk

Schauspielhaus Zürich

P 1 Antigone in Bucha
     Antigone in Butscha
P 2 Schwestern
     Sisters
P 3 Riesenhaft
     Gigantic

Schauspielhaus Zürich   ● Siebdruck/Digitaldruck
                                      ... Silkscreen/digital
                                          Plakatif, Franco Paolucci

                                      ■ drei Plakate aus einer Serie
                                      ... three posters from a series

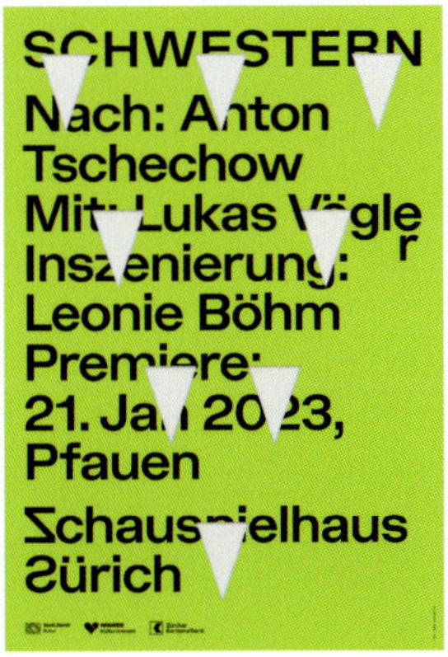

Eine Auswahl von drei Plakaten einer Serie zur Ankündigung der Premieren
des Schauspielhauses Zürich. Die Formen auf den Plakaten sind ausgestanzt.
... A selection of three posters from a series announcing the premieres
of the Schauspielhaus Zürich. The shapes on the posters are punched out.

...

```
.75/100 strobo B M                    ■ A1              ▶ A        D
Matthias Friederich, Julian von Klier, Luis Schneider
```

Gestern! Heute. Morgen?
... Yesterday! Today. Tomorrow?

```
Kunsthalle Bielefeld                  ● Offsetdruck
                                      ... Offset
                                      KAWI Druck
```

```
Plakat für eine Architektursymposium in der Kunsthalle Bielefeld.
... Poster for an architecture symposium at the Kunsthalle Bielefeld.

...
```

.76/100 SUPERO ■ ■ ■ ■ ■ F4 ▶ A CH
Samuel Perroud, Jennifer Sunier, Simon Jodry

Amériques noires
... Das schwarze Amerika
... The Black Americas

Printemps Culturel Neuchâtel   ● Digitaldruck
                                 ... Digital Uldry

                                 ■ Serie von fünf Plakaten
                                 ... series of five posters

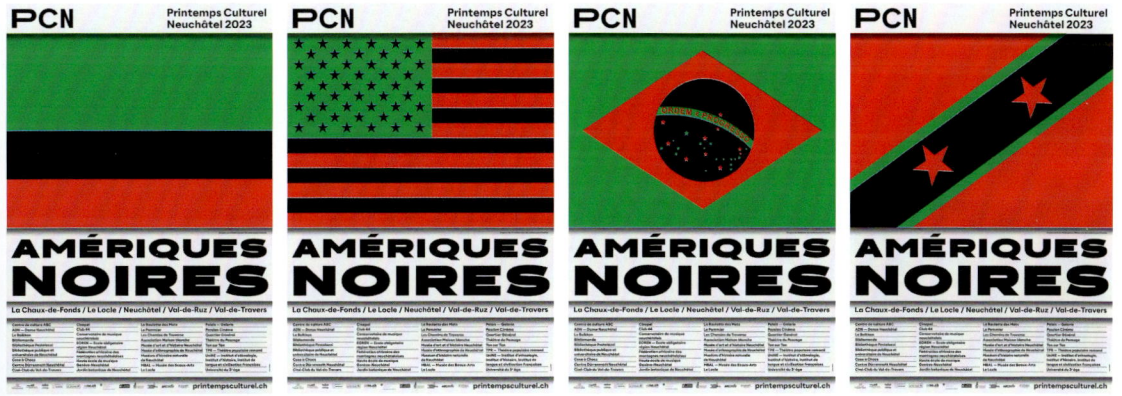

Kulturelles Ereignis zum Thema „Les Amériques noires".
Flaggen der Vereinigten Staaten, Brasiliens, Kolumbiens, Uruguays, St. Kitts mit panafrikanischen Farben.
... Cultural event on the theme of "Les Amériques noires." Flags of the United States, Brazil, Colombia, Uruguay, St. Kitts with pan-African colours.

.77/100 HOMI   ■ F4   ▶ A   CH
Christian Hofer, Lea Michel

Marcel Broodthaers - Museum

Kunsthaus Zürich   ● Digitaldruck
                                ... Digital
                                    Plakatif

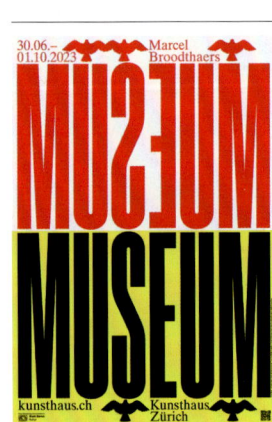

Plakat für die Ausstellung „Marcel Broodthaers - Museum" im Kunsthaus Zürich.
... Poster for the exhibition *Marcel Broodthaers - Museum* at the Kunsthaus Zurich.

...

.78/100
Raphael Wicki

■ F4 ▶ A CH

Olivia El Sayed liest Flowery Wordis
... Olivia El Sayed reads Flowery Wordis

Netzwerk Neubad   ● Digitaldruck
                               ... Digital
                               Multi Reflex

Plakat für die Lesung Flowery Wordis von Olivia El Sayed vom 18. März 2023 im Neubad Luzern.
... Poster for the reading Flowery Wordis by Olivia El Sayed on 18 March 2023 at Neubad Luzern.

.79/100
Sebastian Heß, Pirmin Adolphi   ■ A1   ▶ C   D

KD Workshops 2023

... Projektauftrag an der Staatlichen Akademie der Bildenden Künste Stuttgart
... Project commission at the Staatliche Akademie der Bildenden Künste Stuttgart

... Betreuung
... Supervision: Prof. Gerwin Schmidt

● Siebdruck, zweifarbig
... Silkscreen, two-colour
Werkstatt für Reproduktion und Offsetdruck der ABK

Plakat für die Kommunikationsdesign-Workshops an der Staatlichen Akademie der Bildenden Künste Stuttgart. Jährlich zum Start des Sommersemesters werden internationale Gestalter:innen zu Vorträgen und gemeinsamer Arbeit in kleinen Gruppen eingeladen.
... Poster for the communication design workshops at the Staatliche Akademie der Bildenden Künste Stuttgart. Every year at the start of the summer semester, international designers are invited to give lectures and work together in small groups.

...

.80/100 Maximage ■ F4 ▶ A CH

New Season 23-24
... Neue Saison 23-24

Arsenic – Centre d'art scénique con-   ● Siebdruck
temporain   ... Silkscreen
                                        Lézard Graphique

Diese Plakatkampagne, bei der eine spezielle Tinte mit reduzierten Klebeeigenschaften verwendet wird, lädt die Menschen zur primitivsten Form der spontanen Kommunikation ein – dem Ritzen in Wände im öffentlichen Raum. Große unbedruckte oder einfarbige Flächen werden von Passanten auf der Straße häufig mit Botschaften bedeckt. Heute, zur Feier des Starts der neuen Saison 23-24 von Arsenic, gehen wir einen Schritt weiter und erforschen die Selbstdarstellung im öffentlichen Raum.
... This poster campaign, using a special ink with reduced adhesive properties, invites people to the most primitive form of spontaneous communication – scratching walls in public spaces. Large blank or single-colour surfaces were often covered with messages by passers-by on the street. Today, to celebrate the launch of Arsenic's new 2023-2024 season, we're taking it a step further and exploring self-expression in public space.

...

```
.81/100  Fons Hickmann M23        ■ ■ ■       100 × 70 cm              ▶       B            D
Fons Hickmann
```

Woman Life Freedom
- ... Eigenauftrag   ● Digitaldruck
- ... The designer   ... Digital
                                 ■ Serie von drei Plakaten
                                 ... series of three posters

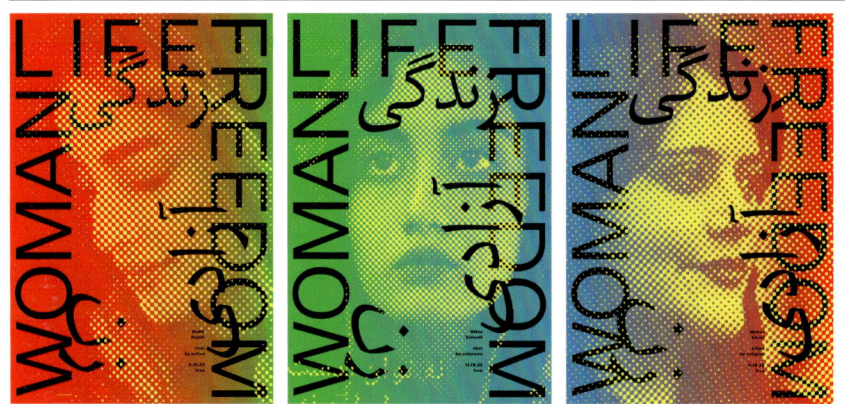

Die Plakatserie „Woman Life Freedom" entstand im Zuge des Kampfes von Frauen für Gleichberechtigung, Freiheit und Gerechtigkeit im Iran. Um Unterstützung baten diverse Organisationen und Personen aus dem Iran, unter anderem Iranian Women of Graphic Design und der iranische Designverband. Die Plakate werden zur freien Nutzung zur Verfügung gestellt. Gezeigt werden Porträts von Hades Najafi, Nikta Esfandi, Masha Amini.
... The poster series "Woman Life Freedom" was created as part of women's struggle for equality, freedom and justice in Iran. Various organisations and individuals from Iran, including Iranian Women of Graphic Design and the Iranian Design Association, asked for support. The posters are available for free use on various platforms. Portraits of Hades Najafi, Nikta Esfandi and Masha Amini are shown.

...

Tiziana Artemisio, Anna Haas, Milana Herendi, Michael Kryenbühl,
Jiri Oplatek, Tania Prill, Niklaus Troxler, Ivan Weiss
... Animation: Josh Schaub

Weltformat Graphic Design Festival 2023

Weltformat Graphic Design Festival	● Siebdruck
	... Silkscreen
	Lézard Graphique

And because it's fun to think and design together.
Und weil es Spaß macht, gemeinsam zu denken und zu gestalten.

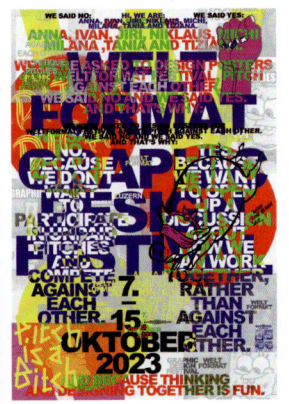

Hallo, wir sind: Anna, Ivan, Jiri, Michi, Milana, Niklaus, Tania und Tiziana. Wir wurden angefragt, Plakate für das Weltformat Festival zu gestalten. Wir sagten NEIN, da wir nicht an diesem unbezahlten Design-Wettbewerb teilnehmen und gegeneinander antreten wollten. Wir sagten JA, da wir mit unserer Initiative kollaborativ EIN Plakat einzureichen, eine Diskussion darüber eröffnen wollten, wie wir miteinander statt gegeneinander arbeiten können.
... Hello! We are Anna, Ivan, Jiri, Michi, Milana, Niklaus, Tania and Tiziana. We were asked to design posters for the Weltformat Festival. We said NO because we didn't want to take part in this unpaid design competition and compete against each other. We said YES because with our initiative to collaboratively submit ONE poster, we wanted to open a discussion about how we can work together instead of against each other.

.83/100 Claudiabasel
Grafik + Interaktion: Jiri Oplatek ■ ■ F4 ▶ A CH

Die Schöpfung
... The Creation

Theater Basel

● Siebdruck, fünffarbig
... Silkscreen, five-colour
Lézard Graphique

■ Serie von zwei Plakaten
... series of two posters

Plakat zum Oratorium „Die Schöpfung" von Joseph Haydn.
... Poster for the oratorio "The Creation" by Joseph Haydn.
...

.84/100
Barbara Galizia, Alexey Malygin

It's a book 2023
... Es ist ein Buch

It's a book Leipzig

... Projektbetreuung an der
... Project supervision at the Hochschule für Grafik und Buchkunst Leipzig: Prof. Markus Dreßen

● Offsetdruck
... Offset
   Grafische Werkstätten der HGB Leipzig

■ Serie von drei Plakaten
... series of three posters

Ankündigungsplakate für die unabhängige Buchmesse „It's a book", bei der 2023 die materiellen Produktionsbedingungen des Buches und deren Auswirkungen thematisiert wurden.
... Announcement posters for the independent "It's a book" book fair where the material production conditions of the book and their effects were thematised in 2023.

.85/100
Erich Brechbühl

■ F4

▶ A CH

10 Jahre Neubad
... 10th Anniversary of Neubad

Netzwerk Neubad

● Digitaldruck
... Digital
   Multi Reflex

Plakat zum zehnjährigen Jubiläum der kulturellen Zwischennutzung des alten
städtischen Hallenbades in Luzern.
... Poster for the tenth anniversary of the interim cultural use of the old
municipal indoor swimming pool in Lucerne.

...

.86/100 Neo Neo ■ ■ ■ CLP ▶ A CH
Thuy-An Hoang, Xavier Erni, Estelle Piguet

La Comédie de Valence 23-24

P 1 Saison 23-24
    Season 23-24
P 2 L'Art de la Joie
    Die Kunst der Freude
    The Art of Joy
P 3 En finir avec leur histoire
    Schluss mit ihrer Geschichte
    Putting an end to their story

La Comédie de Valence   ● Digitaldruck
                               ... Digital
                                   JCDecaux
                               ■ aus einer Serie von vier Plakaten
                               ... from a series of four posters

Plakatserie für La Comédie de Valence, ein Theater in Frankreich.
... Poster series for La Comédie de Valence, a theatre in France.

...

```
.87/100  Ariane Spanier Design         ■   100 × 70 cm            ▶   A          D
Ariane Spanier
```

Amo Jibu
... Liebe/Antwort
... Love/Answer

```
AGI Alliance Graphique Internationale  ●   Digitaldruck
                                       ... Digital
                                           WIRmachenDRUCK
```

Plakatbeitrag zur Mitgliederausstellung der Alliance Graphique Internationale in Auckland, Neuseeland, 2023. Zwei Worte, zwei Sprachen: Amo (Esperanto für Liebe) und Jibu (Swahili für Antwort).
... Poster contribution for the member exhibition of the Alliance Graphique Internationale in Auckland, New Zealand, 2023. Two words, two languages: Amo (Esperanto for love) and Jibu (Swahili for answer).

...

.88/100
Niklas Apfel

Sommer in der ufaFabrik
... Summer at ufaFabrik

ufaFabrik

■ A1   ▶ A   D

● Offsetdruck
... Offset
WIRmachenDRUCK

■ aus einer Serie von drei Plakaten
... from a series of three posters

Sommerkampagne für die ufaFabrik Berlin. Die Figur zeigt abstrahiert die Open Air Bühne der ufaFabrik und lädt spielerisch in das Kulturzentrum ein.
... Summer campaign for the ufaFabrik Berlin. The figure shows the open-air stage of the ufaFabrik in abtract form and playfully invites people into the cultural centre.

...

.89/100 SCC Kommunikation
Laura Sennhauser

Infotage Atelierschule Zürich
... Information Days of the Atelierschule Zürich

Atelierschule Zürich

● Digitaldruck
... Digital
   JCM Werbedruck

■ Serie von drei Plakaten
... series of three posters

 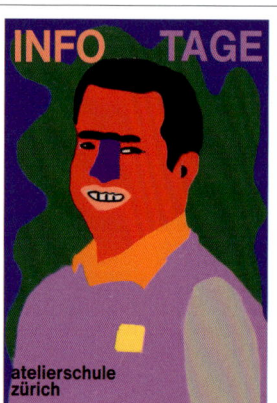 

Plakatkampagne für die Infotage der Atelierschule Zürich.
... Poster campaign for the information days of the Atelierschule Zürich.

.90/100 ■ ■ ■ A0 ▶ C D
Sebastian Schubmehl, Marcel Zerbe, Viktoria Gerus

Werkschau Kommunikationsdesign Hochschule Trier 2023
... 2023 Communication Design Show at Trier University of Applied Sciences

... Projektauftrag an der Hochschule Trier, Fachrichtung Kommunikationsdesign ... Project commission at the Trier University of Applied Sciences; Communication Design Specialization	● Digitaldruck ... Digital WIRmachenDRUCK
... Betreuung ... Supervision: Prof. Andreas Hogan, Prof. Dirk Wachowiak	■ aus einer Serie von vier Plakaten ... from a series of four posters

Plakate anlässlich der Werkschau Kommunikationsdesign der Hochschule Trier 2023. Ursprünglich wurden Andrucke in der hochschuleigenen Druckwerkstatt im Siebdruckverfahren ausgeführt.
... Posters for the communication design exhibition at Trier University of Applied Sciences in 2023. Originally, proofs were screen-printed in the university's own printing workshop.

...

.91/100
Niklaus Troxler

Christian Marien Quartett
bau 4, Schaerholzbau

■ F4   ▶ A   CH

● Siebdruck
... Silkscreen
Lézard Graphique

Plakat für das Jazzkonzert mit dem Christian Marien Quartett im Club bau 4 in Altbüron.
... Poster for the jazz concert with the Christian Marien Quartet at Club bau 4 in Altbüron.
...

.92/100 Neo Neo ■ F4 ▶ A CH
Thuy-An Hoang, Xavier Erni

P.A.G.E.S

HEAD – Genève   ● Offsetdruck
                                           ... Offset
                                               Setaprint

Plakat für P.A.G.E.S, eine internationale Messe für Druckgrafik, Kunstpub-
likationen und Editionen mit Sitz in Genf.
... Poster for P.A.G.E.S, an international fair for printmaking, art pub-
lications and editions based in Geneva.

...

93/100
Henning Wagenbreth

■ CLP ▶ A   D

Jugend im Bruch
... Youth in Bruch

Oderbruch Museum Altranft   ● Siebdruck
                                         ... Silkscreen
                                              Lézard Graphique

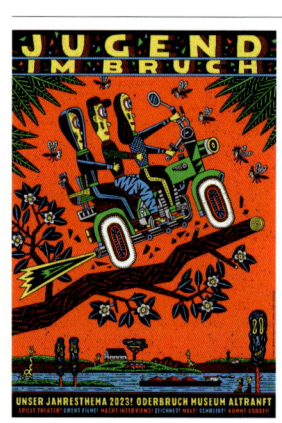

Plakat zum Jahresthema „Jugend im Bruch" des Oderbruch Museums Altranft. Das Museum thematisierte 2023 in Ausstellungen, in Diskussionsrunden, Veranstaltungen, durch Theaterprojekte und Interviews das Leben junger Menschen im Oderbruch.
... Poster for the Oderbruch Museum Altranft's annual theme Youth in Bruch. In 2023, the museum explored the lives of young people in the Oderbruch region in exhibitions, discussions, events, theatre projects and interviews.
...

94/100 Enen studio ■ ■ ■ F4 ▶ A CH
Emilie Excoffier, Manon Schaefer

Weekend Prolongé 2023
... Verlängertes Wochenende 2023
... Extended Weekend 2023

Groupe Sauvage ● Digitaldruck
... Digital
Cric Print

■ aus einer Serie von fünf Plakaten
... from a series of five posters

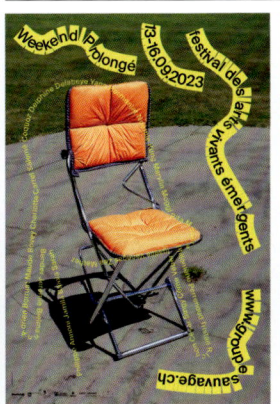  

„Weekend Prolongé" (französisch: langes Wochenende) ist ein Festival für neue darstellende Künste in Freiburg, Schweiz, das vom Kollektiv Groupe Sauvage organisiert wird. Die Serie nutzt KI-erzeugte Bilder, um Vielfalt und Unvollkommenheit hervorzuheben.
... *Weekend Prolongé* (French for extended weekend) is a festival for new performing arts in Fribourg, Switzerland, organised by the Groupe Sauvage collective. The series uses AI-generated images to emphasise diversity and imperfection.

...

.95/100 bergerberg
Elia Salvisberg

Les Yeux Sans Visage
... Die Augen ohne Gesicht
... Eyes Without a Face

Netzwerk Neubad

■ F4 ▶ A CH

● Digitaldruck
... Digital
    Multi Reflex

Plakat für die Klubnacht Les Yeux Sans Visage mit Belia Winnewisser b2b Slow Glass und Ambiguous Limbo vom 25. November 2023 im Neubad Luzern.
... Poster for the Les Yeux Sans Visage club night with Belia Winnewisser b2b Slow Glass and Ambiguous Limbo on 25 November 2023 at Neubad Lucerne.

```
.96/100                              ■ ■   A0              ▶    B        D
Ira Göller, Annika Kiefer
Doppelvortrag Klasse Hickmann
... Double Lecture for Hickmann's class
... Eigenauftrag              ●   Digitaldruck
... The designers             ...  Digital
                                   Studio Plott der UdK
                              ■   Serie von zwei Plakaten
                              ...  series of two posters
```

Plakatserie für den Doppelvortrag von Louise Borinski und Juliane Kownatzki.
Der Vortrag fand im Rahmen der Klasse Hickmann an der UdK Berlin statt.
... Poster series created for the double lecture by Louise Borinski and
Juliane Kownatzki. The lecture took place as part of the Hickmann class at
the UdK Berlin.

...

.97/100 SUPERO
Samuel Perroud, Jennifer Sunier

Nuit de la Photo #10
... Fotonacht Nr. 10
... Photo Night #10

Nuit de la Photo

● Siebdruck
... Silkscreen
Atelier Madame

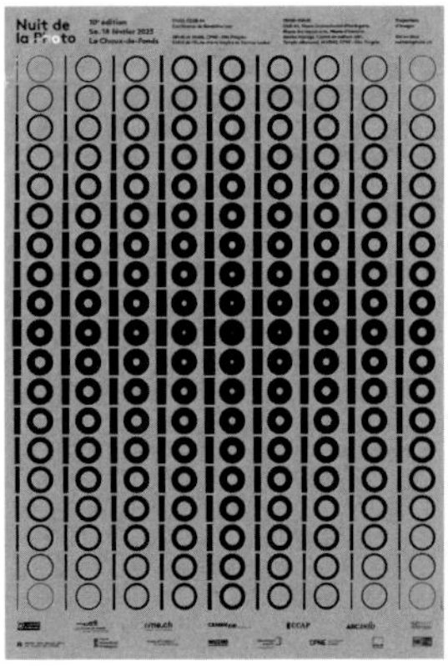

Plakat für die 10. Ausgabe eines Fotofestivals.
... Poster for the 10th edition of a photo festival.
...

.98/100
Lukas Marstaller

Spector Books

HfG Offenbach

■ A1 ▶ A D

● Digitaldruck
... Digital WIRmachenDRUCK

Plakat für den Vortrag von Jan Wenzel an der HfG Offenbach.
... Poster for Jan Wenzel's lecture at the HfG Offenbach.

.99/100
Dario Forlin

Palace St.Gallen Frühlingsvorschau
... Palace St.Gallen Spring Preview

Palace St.Gallen

Digitaldruck
... Digital
Uldry

Vorschau für kommende Veranstaltungen Frühling 2023, Palace St.Gallen.
... Preview for upcoming events in spring 2023, Palace St.Gallen.
...

100/100 Studio Es
Verena Panholzer

■ ■ ■ A0   ▶ A   A

Initiative Urheberrecht
... Copyright Initiative

Verein Initiative Urheberrecht
Österreich

● Digitaldruck
... Digital
  e.h.montagen Digitale Medien

■ Serie von drei Plakaten
... series of three posters

Plakatserie für die zweitägige Konferenz der Initiative Urheberrecht
Österreich mit den Schwerpunkt-Themen generative künstliche Intelligenz
(KI), gemeinsame Vergütungsregeln (GVR) und Streaming.
... Poster series for the two-day conference of the Austrian Copyright
Initiative with a focus on generative artificial intelligence (AI), joint
remuneration rules (GVR) and streaming.

...

Preisträgerplakate Award Winners' Posters

.11/100 2xGoldstein
.88/100 Niklas Apfel
.87/100 Ariane Spanier Design
.82/100 Tiziana Artemisio,
        Anna Haas, Milana Herendi,
        Michael Kryenbühl,
        Jiri Oplatek, Tania Prill,
        Niklaus Troxler, Ivan Weiss
.61/100 babyinktwice
.48/100 Badesaison
.64/100 Badesaison
.37/100 Tim Ballaschke
.42/100 Janice Beck
.95/100 bergerberg
.41/100 Nicolas Bernklau,
        Johannes Kuhn
.53/100 Alessio Borando,
        Jasmina Zarlenga
..8/100 Erich Brechbühl,
        Felix Pfäffli
.85/100 Erich Brechbühl
.51/100 Bureau Progressiv
.13/100 Büro Sequenz
..9/100 Cécile+Roger
.23/100 Claudiabasel
.35/100 Claudiabasel
.43/100 Claudiabasel
.50/100 Claudiabasel
.73/100 Claudiabasel
.83/100 Claudiabasel
.19/100 Distaff Studio
.94/100 Enen studio
.22/100 Fons Hickmann M23
.54/100 Fons Hickmann M23
.81/100 Fons Hickmann M23
.99/100 Dario Forlin
.47/100 Niclas Funk, Dennis Vugts,
        Marc Iselin
.84/100 Barbara Galizia,
        Alexey Malygin
.32/100 Daniel Gascón Kovács
.27/100 gggrafik
.45/100 gggrafik
.56/100 gggrafik
.96/100 Ira Göller, Annika Kiefer
.60/100 Hammer
.28/100 hesign International
.29/100 hesign International
.79/100 Sebastian Heß, Pirmin Adolphi
.31/100 Lukas Hoffmann
.71/100 HOMI
.77/100 HOMI
.65/100 Melchior Imboden
..6/100 Johnson / Kingston
..5/100 Anja Kaiser
.16/100 Dominik Keller, Jonas Huhn
.67/100 Dabin Kim
.30/100 Marinus Klinksik
.21/100 Jonathan Körner,
        Maximilian Messer
.26/100 Lamm & Kirch
.40/100 Lamm & Kirch
.15/100 Laucke Siebein
.46/100 Annina Linggi
.58/100 Annina Linggi
.98/100 Lukas Marstaller
.25/100 Kai Damian Matthiesen
.80/100 Maximage
.36/100 Jakob Mayr, Kilian Wittmann
.70/100 Modo
.55/100 nathow & geppert
.86/100 Neo Neo
.92/100 Neo Neo
.44/100 Neue Gestaltung
.72/100 Neue Gestaltung
.24/100 Onlab
.63/100 Ossian Osborne,
        Johanna Mehner
.49/100 Pank
..3/100 Pascal Putschka
..2/100 Max Reichert
.68/100 Erik Anton Reinhardt
.39/100 Marc Roecker, Linus Geiss
.89/100 SCC Kommunikation
.90/100 Sebastian Schubmehl,
        Marcel Zerbe, Viktoria Gerus
.38/100 Shortnotice Studio
.18/100 Smile Initial Plus
.34/100 Stahl R
.14/100 Alena Stählin, Tristesse
.69/100 Sam Steiner
..4/100 strobo B M
.75/100 strobo B M
.10/100 Studio Anna Haas
.33/100 Studio Daniel Peter
100/100 Studio Es
.20/100 Studio LA
.74/100 Studio Laurenz Brunner
.66/100 Studio Marie Cuennet
..1/100 Studio Mucho Gusto
.76/100 SUPERO
.97/100 SUPERO
.62/100 Chiara Toteda, Lukas Rösener
.17/100 Tristesse
.59/100 Niklaus Troxler
.91/100 Niklaus Troxler
.93/100 Henning Wagenbreth
.52/100 WePlayDesign
.78/100 Raphael Wicki
..7/100 Daniel Wiesmann
.57/100 Daniel Wiesmann
.12/100 ZEBU

...

«DIE HEILUNG LIEGT IN DER HEILUNG DER BEZIEHUNG ZU MIR SELBER»

HEIDI

«GESTÖRT ERZÄHLT»
DER MENSCH
HINTER DER DIAGNOSE
19. APRIL 2023
20:00 UHR
NEUBAD POOL

Befragen
Bewerten
Bewegen
Bewerben
Bereichern
Bewerten
Verwerten
Verurteilen
Verwerfen
Verweilen
Verwerten
Verstehen

79 80 Ravensburg

Alltag Apokalypse Autonomie

Museum Humpis-Quartier

14.10.23– 18. 8.24

.11/100

Über 236 Veranstaltungen
in 106 Berliner Kulturorten

Immer samstags
und sonntags
im Oktober 2023

Kostenfreie Workshops,
Führungen und vieles mehr
für Kinder von 4 bis 12 Jahren

Anmeldung unter
www.kinderkulturmonat.de

Kinder
Kultur
Monat

Uff Eemal Jeht Se Uff Die Tür

Projektträger

WerkStadt

Förderer

Senatsverwaltung für Bildung, Jugend und Familie

BERLIN

Berliner Leben – Eine Stiftung der Gewobag

Stiftung Berliner Sparkasse

Medienpartner

TAGESSPIEGEL   tipBerlin   HIMBEER   FLUX FM

24 Years
Robert Johnson

23—25
June 2023

Nordring 131
63067 Offenbach

エレクトロニックショップ

24 OK!

OPEN! TAX 無税 FREE!

24 YO RJ

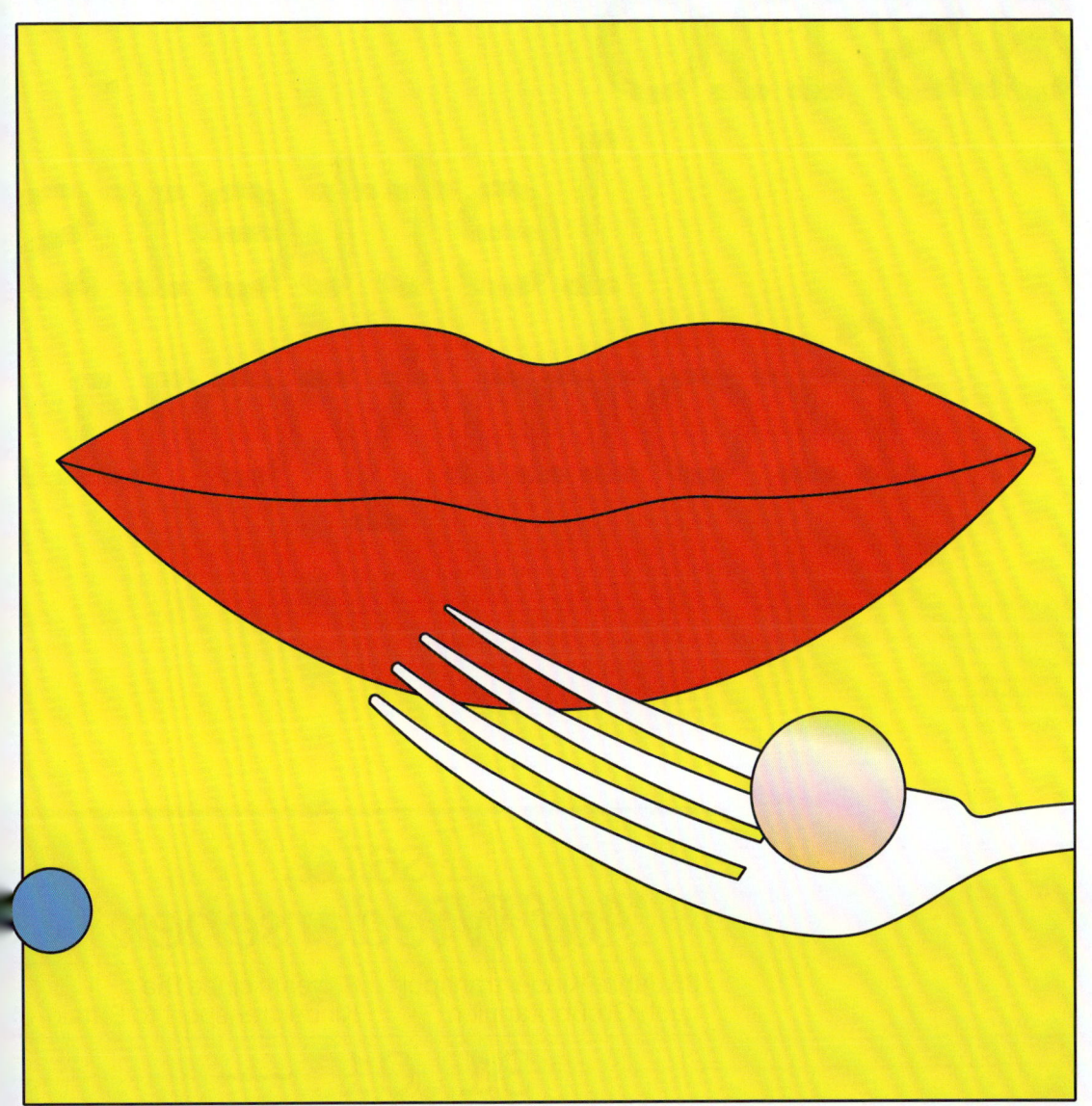

Worried as no letters from you.

Millie und Sophie Levy an Franz und Herta Kuhn, die Eltern ihrer Pflegetochter Hannah Kuhn, 5. Juni 1940. Hannah verließ Berlin im April 1939 mit einem Kindertransport nach Großbritannien. Franz und Herta wurden im Holocaust ermordet.

I said, 'Auf Wiedersehen'

85 Jahre Kindertransport nach Großbritannien | 85 years since the Kindertransport to Britain

31.01. — 23.02.24

Deutscher Bundestag
Paul-Löbe-Haus

German Bundestag
Paul-Löbe-Haus

Ein Projekt von: In Kooperation mit: Partner der Ausstellung:

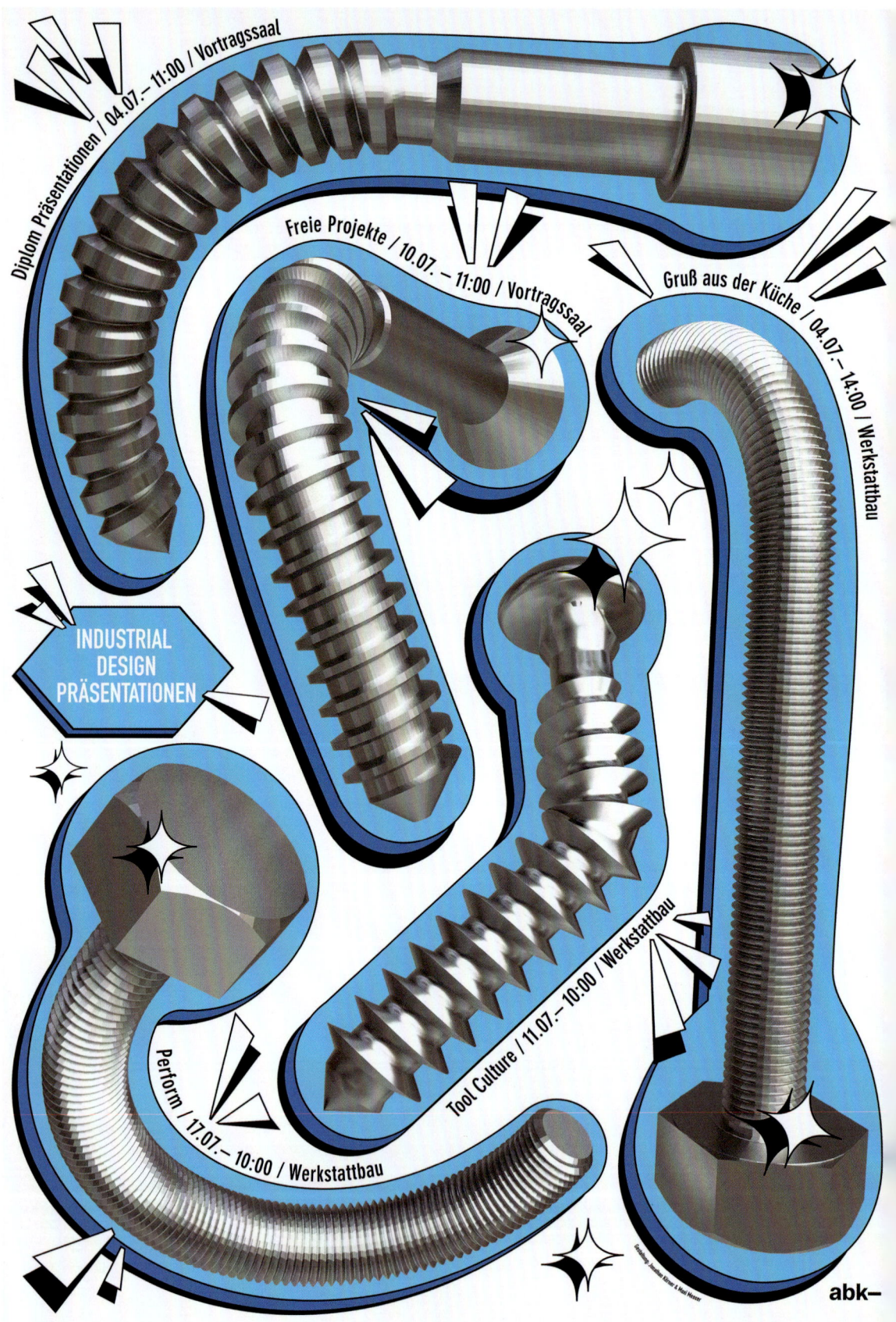

Kieler Woche 2024 22.—30. Juni

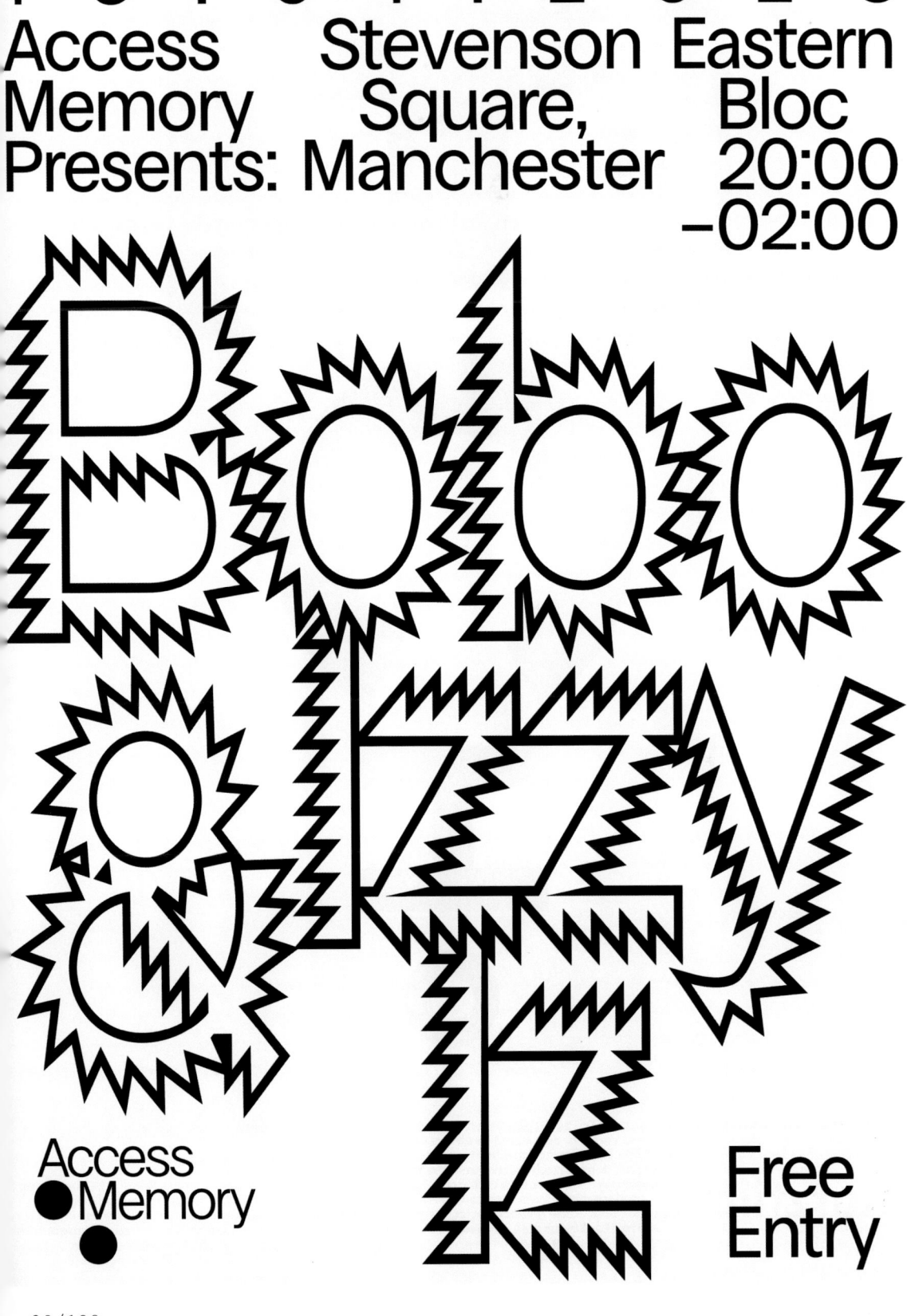

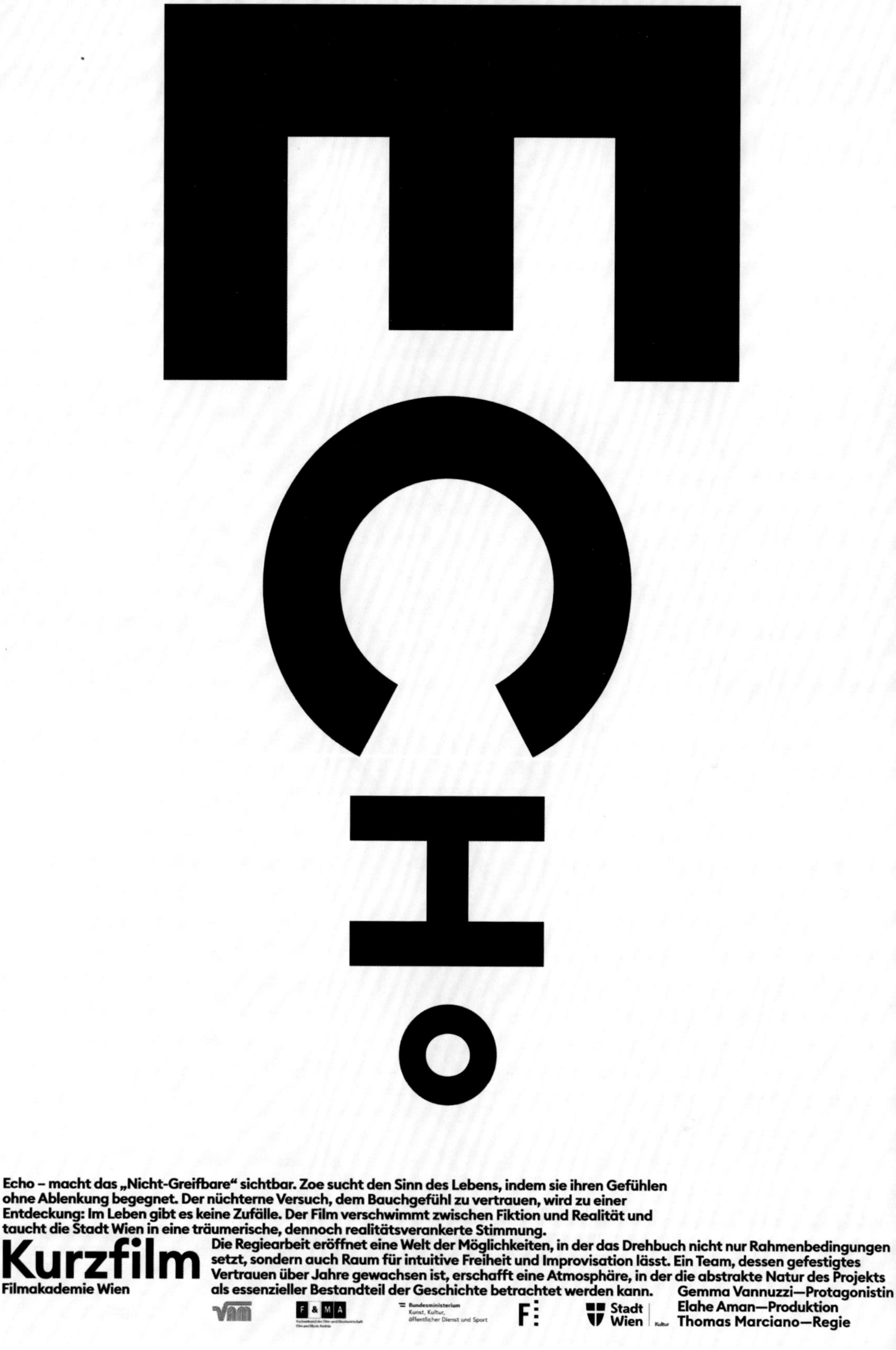

Echo – macht das „Nicht-Greifbare" sichtbar. Zoe sucht den Sinn des Lebens, indem sie ihren Gefühlen ohne Ablenkung begegnet. Der nüchterne Versuch, dem Bauchgefühl zu vertrauen, wird zu einer Entdeckung: Im Leben gibt es keine Zufälle. Der Film verschwimmt zwischen Fiktion und Realität und taucht die Stadt Wien in eine träumerische, dennoch realitätsverankerte Stimmung.

Kurzfilm
Filmakademie Wien

Die Regiearbeit eröffnet eine Welt der Möglichkeiten, in der das Drehbuch nicht nur Rahmenbedingungen setzt, sondern auch Raum für intuitive Freiheit und Improvisation lässt. Ein Team, dessen gefestigtes Vertrauen über Jahre gewachsen ist, erschafft eine Atmosphäre, in der die abstrakte Natur des Projekts als essenzieller Bestandteil der Geschichte betrachtet werden kann.

Gemma Vannuzzi—Protagonistin
Elahe Aman—Produktion
Thomas Marciano—Regie

.31/100

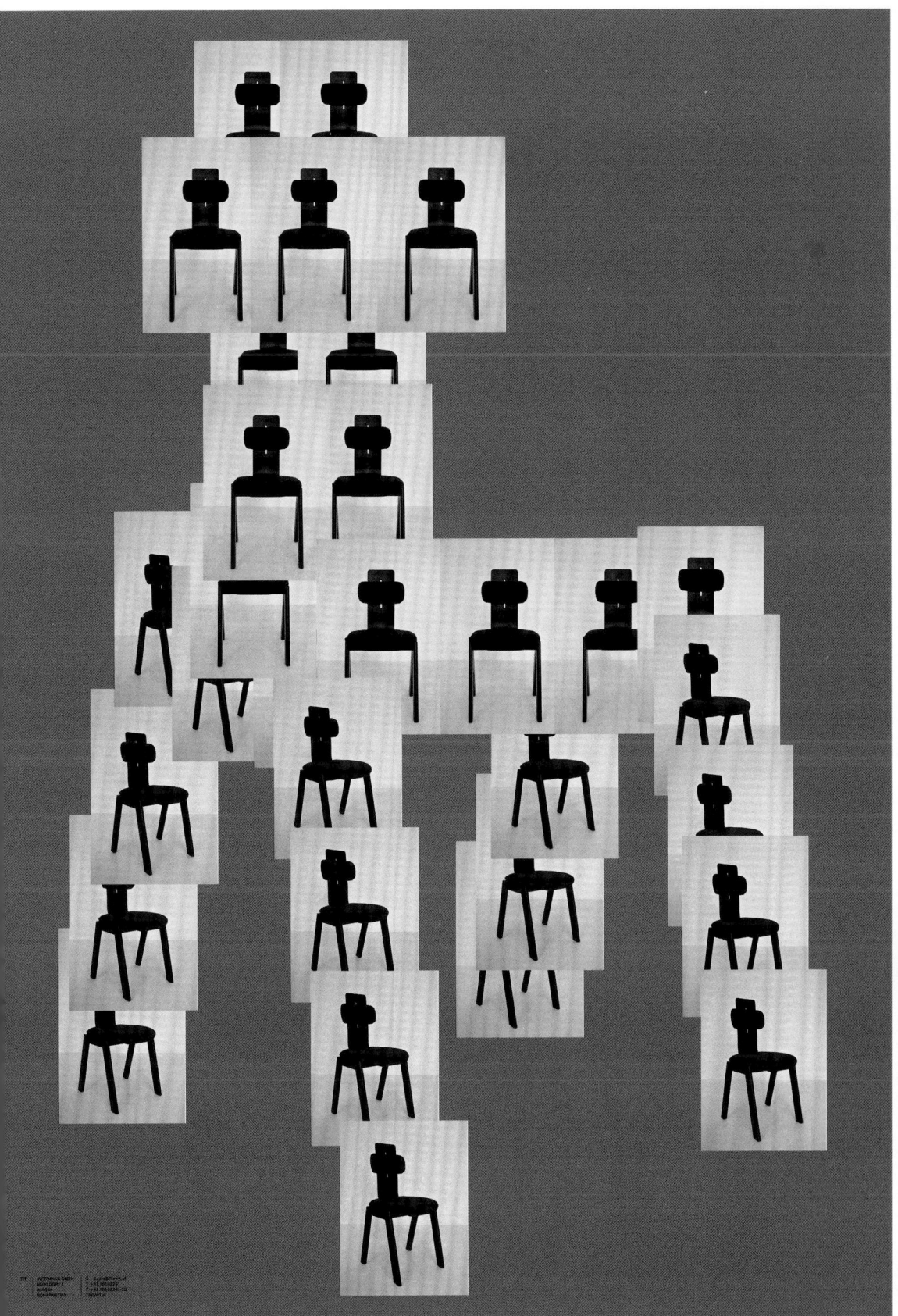

G SC IRR
&B STE K

– BITTE
BRINGT ES
ZURÜCK

EURE MENSA

M.A. ARCHITEKTUR: SERASTIAN DANIEL GÄFGEN, FABIAN KLEIN, SEBASTIAN BENJAMIN ROSE, ANNA SAZONOVA · DIPLOM INDUSTRIAL DESIGN: KATHRIN ALISCHER, KÜBRA NUR TEMIZ · DIPLOM KOMMUNIKATIONSDESIGN: LUCA BARTHOLOMAE, SASKIA EVENHUIS, TOBIAS KOPP, MALENA KRONSCHNABL, MATTHIAS SOMBERG, NIKOLAS WIEST, OLENA ZHURAVYTSKA · DIPLOM TEXTILDESIGN: MARLA BERNHARDT, KIRA DE PICCIOTTO, SOPHIE RINGGENBURGER

AUSSTELLUNG DER ABSCHLUSSARBEITEN
MASTER ARCHITEKTUR & DIPLOME DESIGN WS 22/23

11.02.–13.02.2023 SA–MO 13–19 UHR
ABK STUTTGART NEUBAU 1, GLASKASTEN
NEUBAU 2, GRABEN

FINISSAGE:
MONTAG, 13. FEBRUAR 2023, 19 UHR
ABK STUTTGART,
NEUBAU 2, VORTRAGSSAAL

abk.live
abk-stuttgart.de

Gestaltung: abk-Agentur (Linus Geiss, Marc Röcker)

abk–

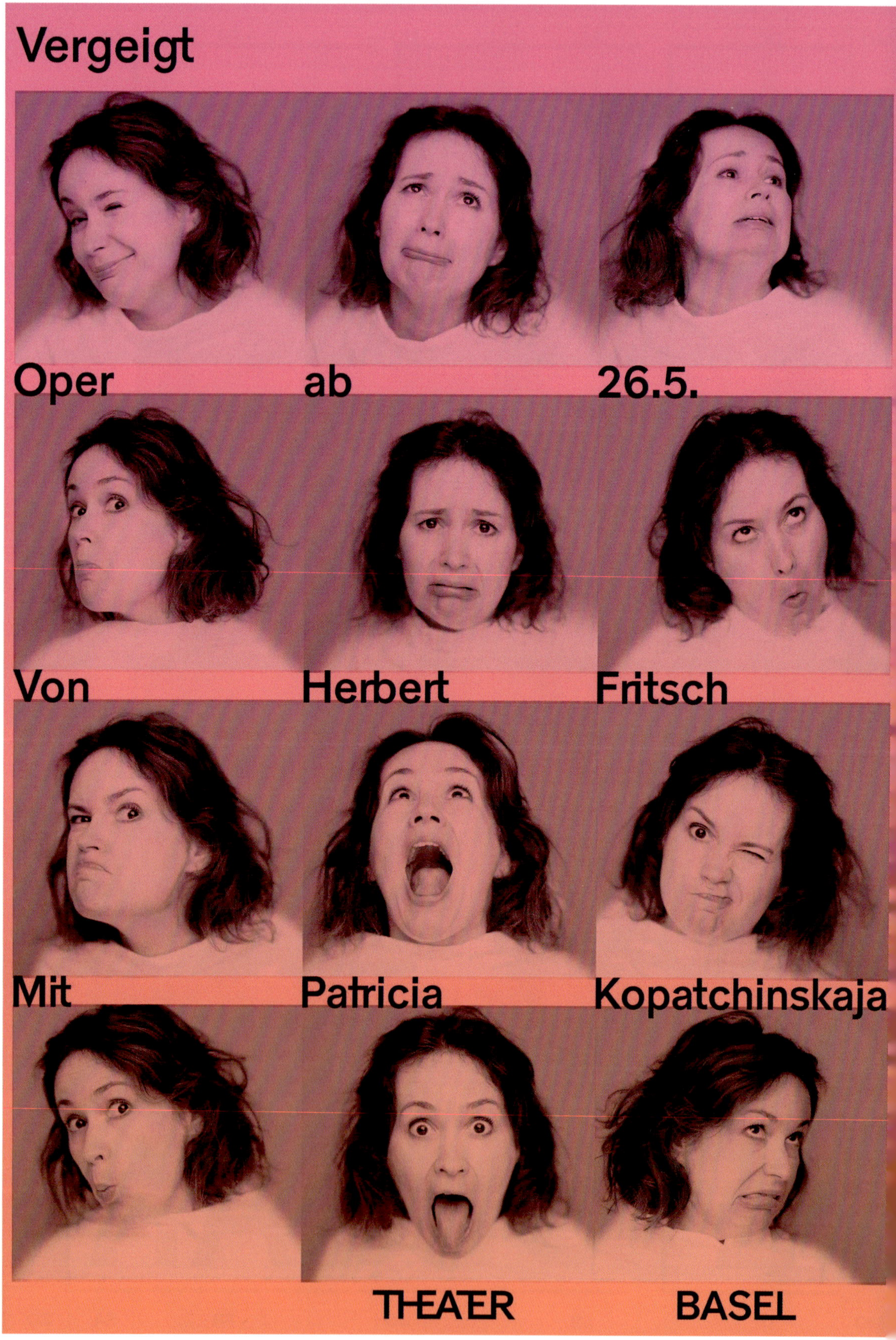

Vergeigt

Oper ab 26.5.

Von Herbert Fritsch

Mit Patricia Kopatchinskaja

THEATER BASEL

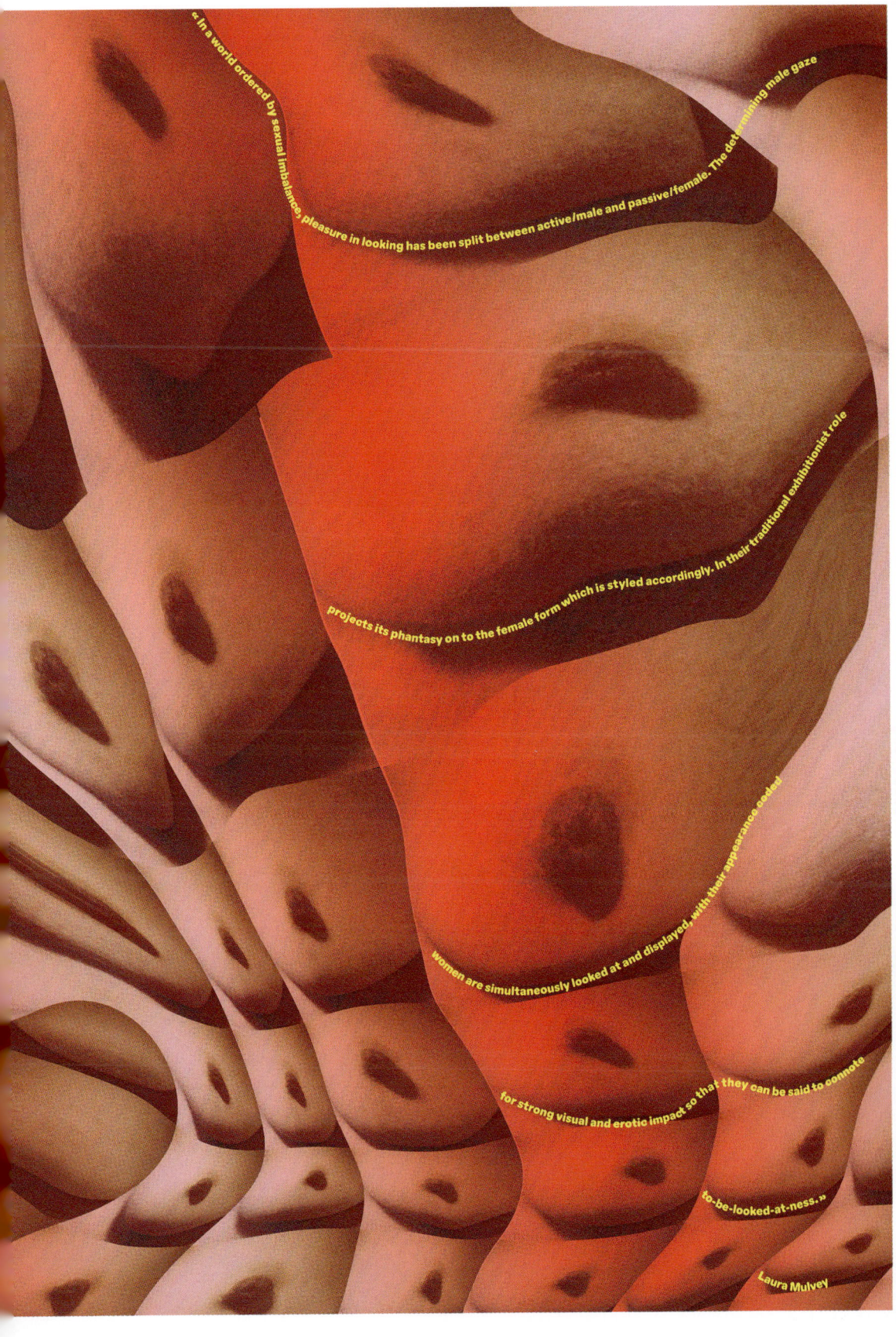

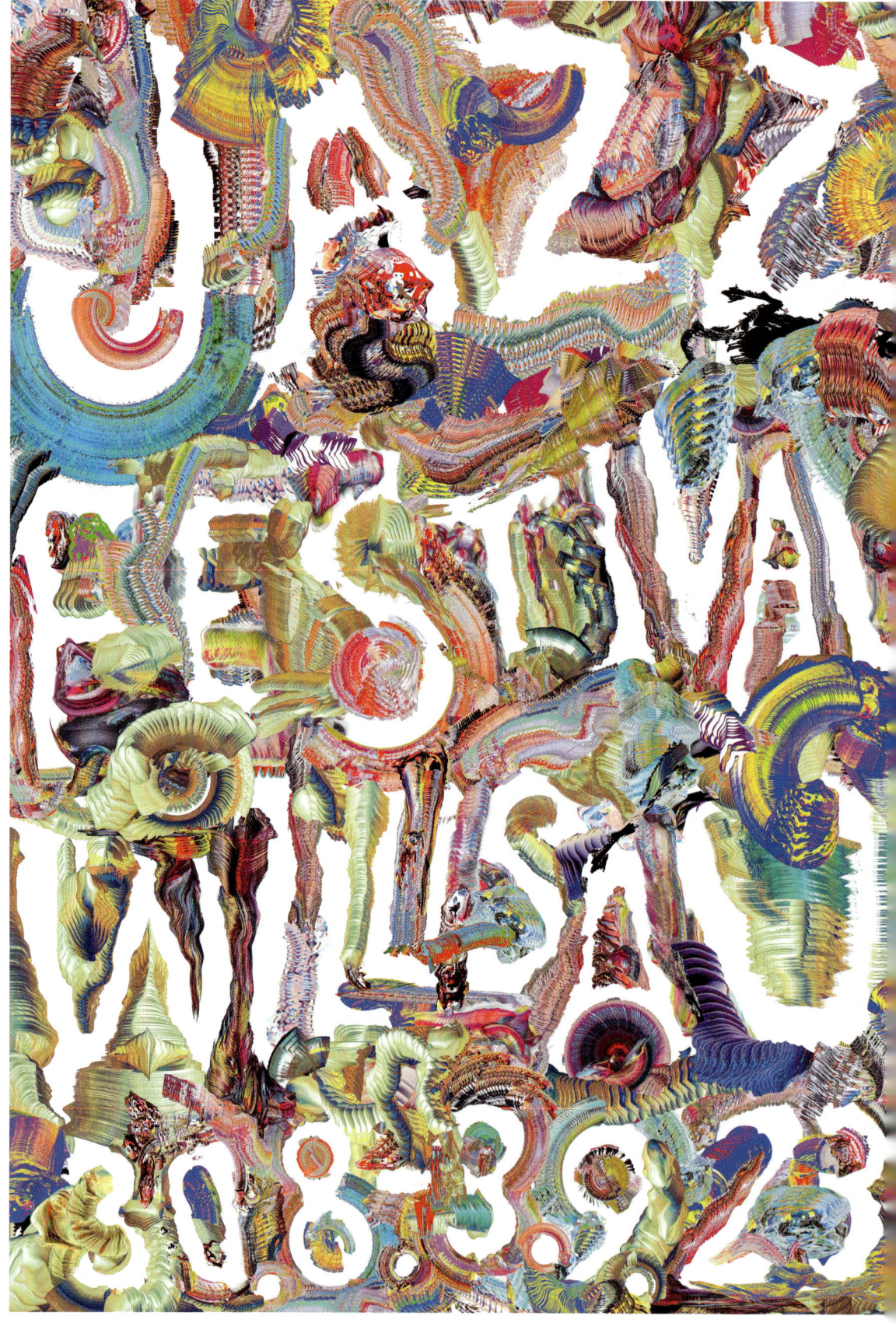

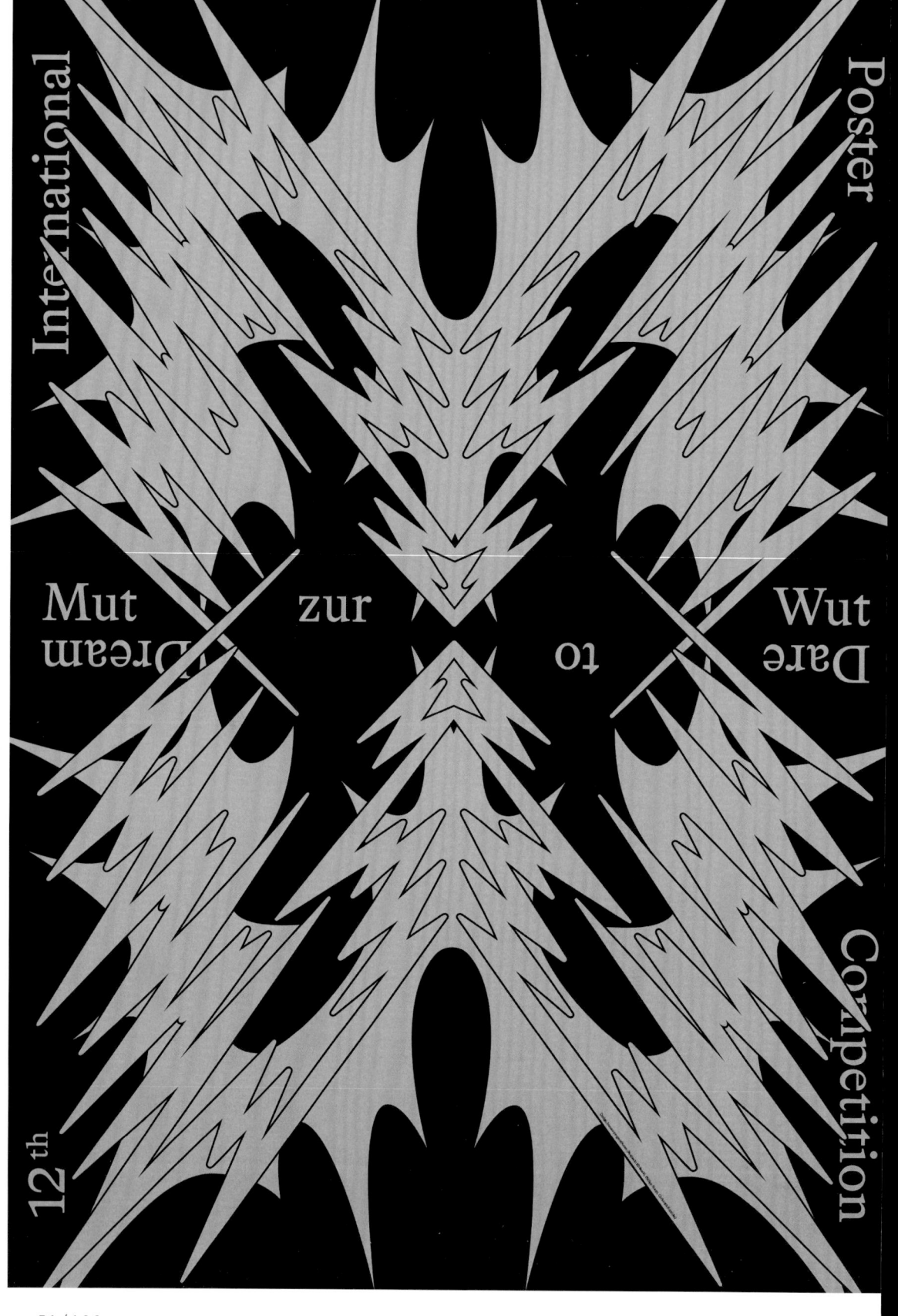

Haltet euch fest

Spielzeit 2023—24

Mecklenburgisches Staatstheater

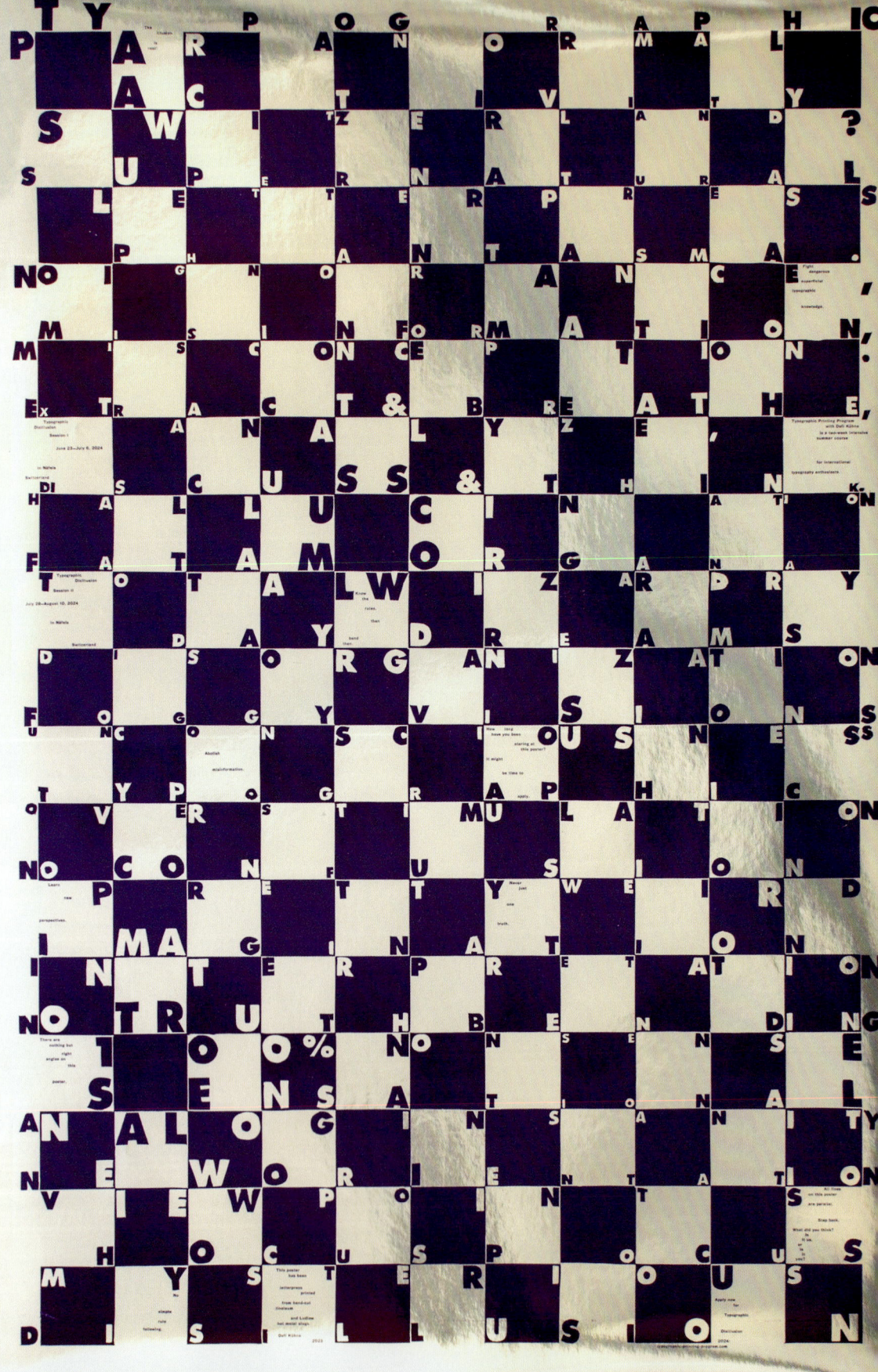

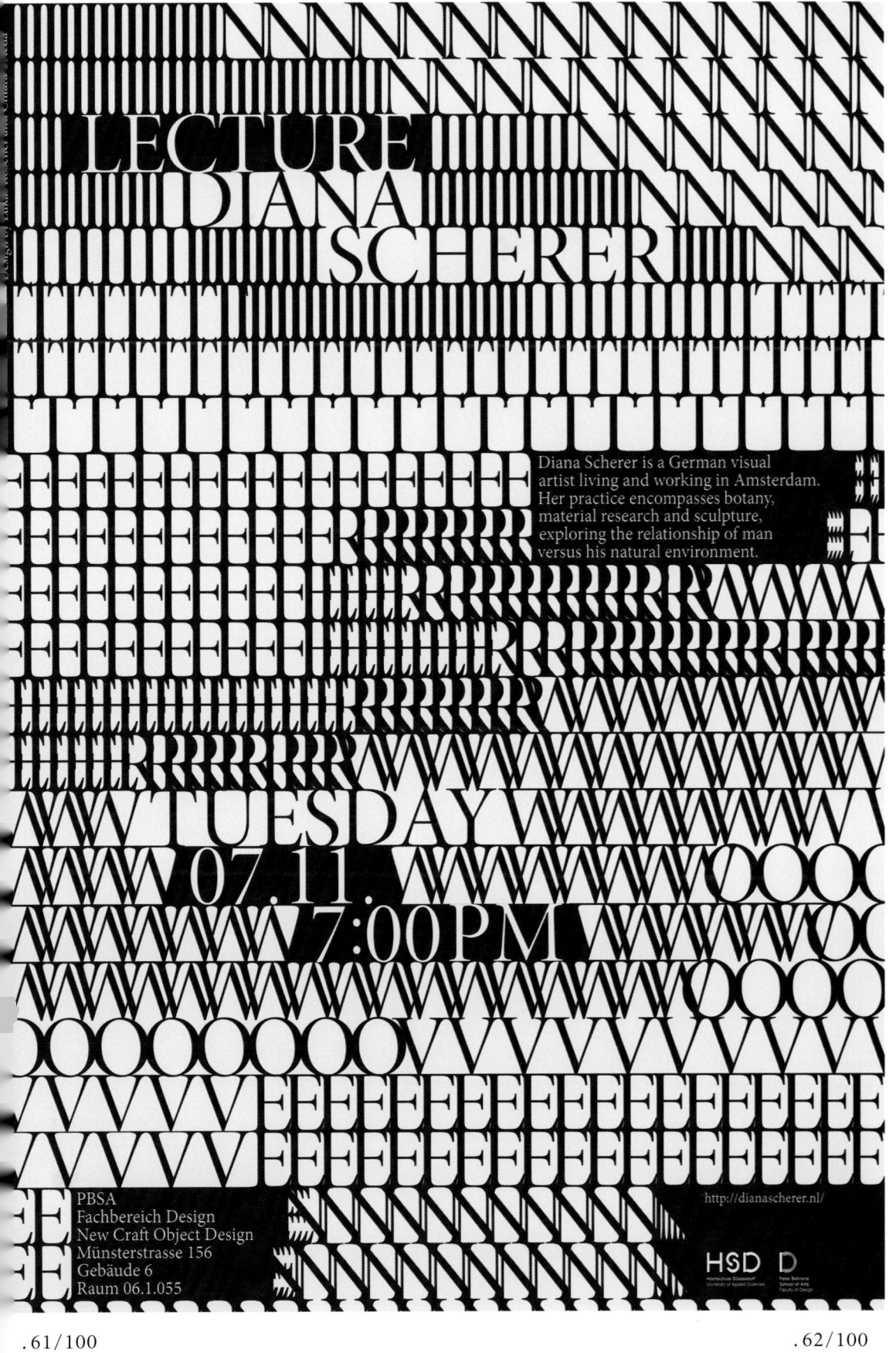

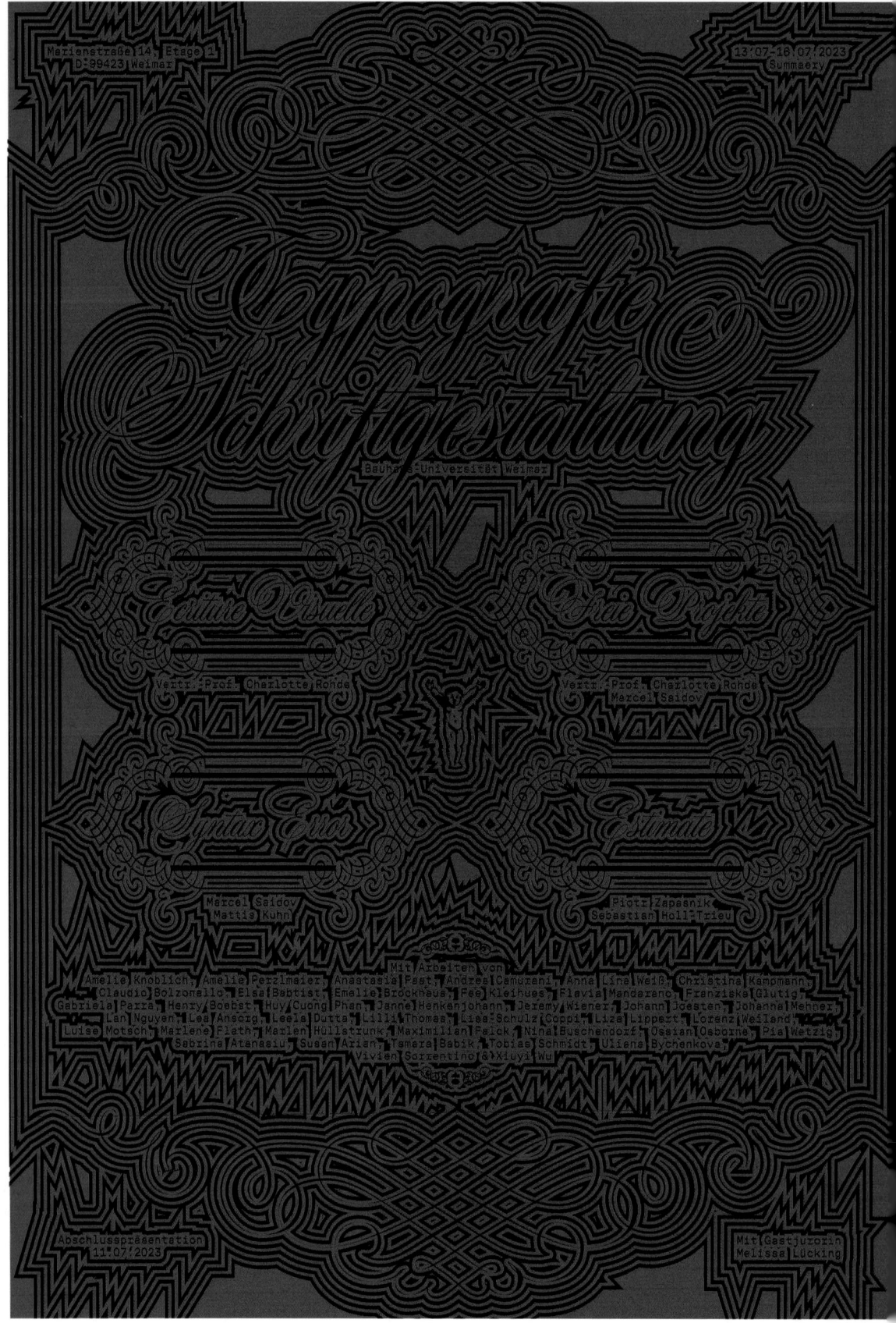

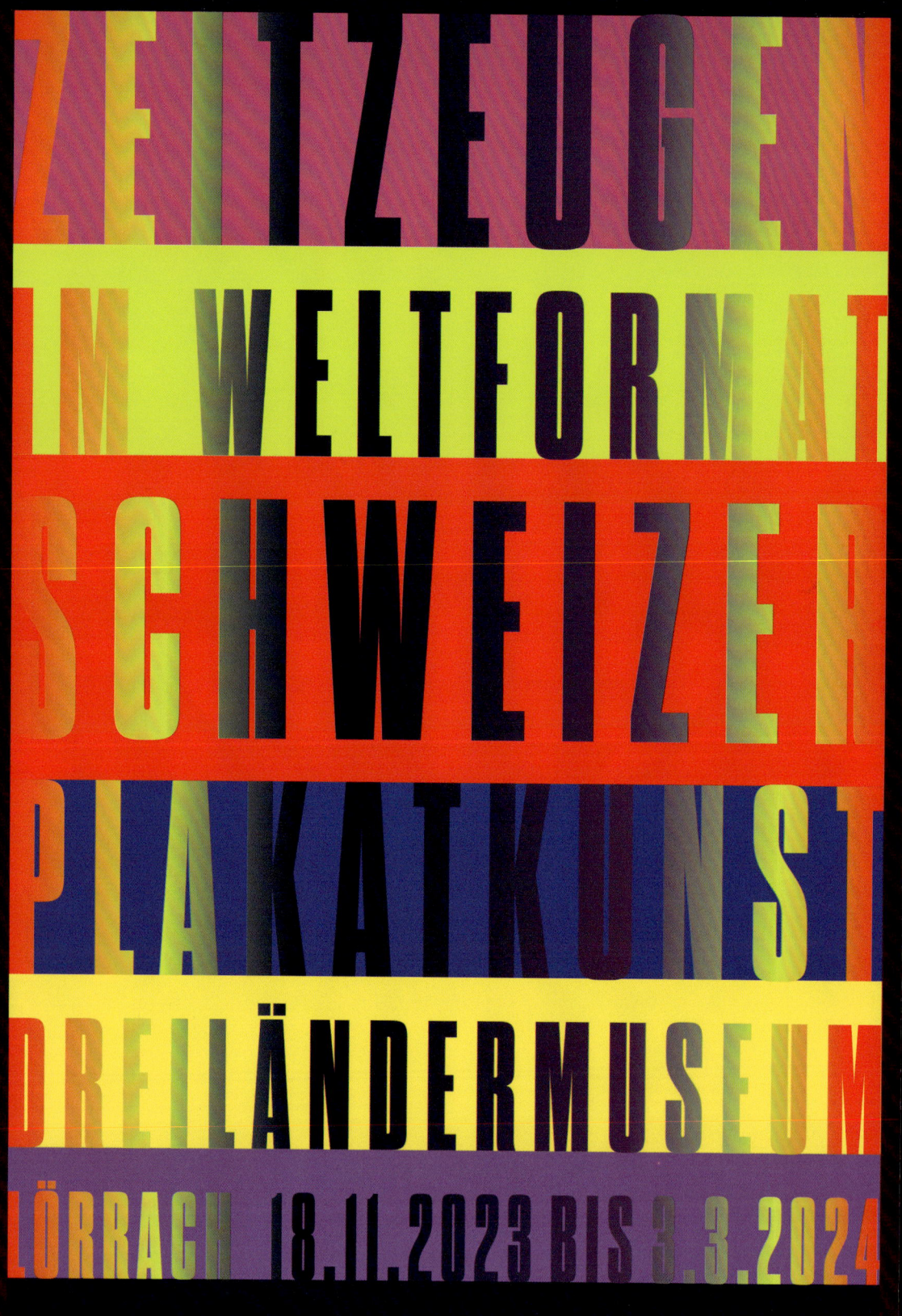

Anonym, «es war cool, dann habe ich Hunger bekommen», aus dem Pasquart-Gästebuch.
Anonyme, «es war cool, dann habe ich Hunger bekommen», tiré du livre d'or du Pasquart.
2011–2022

es war cool, dann habe ich Hunger bekommen

@Pasquart: Kunsthaus Centre d'art Biel Bienne

Das Kunsthaus Pasquart wird unterstützt von der Stadt Biel, dem Kanton Bern und dem Gemeindeverband Kulturförderung Biel/Bienne-Seeland-Berner Jura.
Le Centre d'art Pasquart est soutenu par la ville de Bienne, le canton de Berne et le syndicat Biel/Bienne-Seeland-Jura bernois pour la culture.
Mit freundlicher Unterstützung des Legats von Mme M. Mottier-Lovis. / Avec l'aimable soutien du legs de Mme M. Mottier-Lovis.

Surface Treatments

06.08.–22.10.2023 Eröffnung: 05.08.2023, ab 17 Uhr

Ann-Kathrin Müller
Julia Schäfer
Judith Engel

www.villa-merkel.de @villamerkel

Villa Merkel Galerie der Stadt Esslingen
Di, Mi: 11.00 – 18.00 Uhr   Do, Fr: 12.00 – 20.00 Uhr   Sa, So: 11.00 – 18.00 Uhr

150 Jahre Zeit

Annemarie Merkel mit ihren Töchtern beim Eislaufen auf dem zugefrorenen Neckar, Schwarzweißfotografie, Agfa-Postkarte, um 1940

ANTIGONE IN BUTSCHA

Von Pavlo Arie
Inszenierung:
Stas Zhyrkov
Premiere:
4. Mai 2023,
Pfauen

Schauspielhaus
Zürich

PCN

Printemps Culturel Neuchâtel 2023

Drapeau de la Colombie avec les couleurs panafricaines

AMÉRIQUES NOIRES

La Chaux-de-Fonds / Le Locle / Neuchâtel / Val-de-Ruz / Val-de-Travers

Centre de culture ABC	Cinepel	La Roulotte des Mots	Palais — Galerie
ADN — Danse Neuchâtel	Club 44	Le Pommier	Passion Cinéma
Le Balkkon	Conservatoire de musique neuchâtelois	Les Chemins de Traverse	Quartier Général
Bibliomonde		Association Maison blanche	Théâtre du Passage
Bibliothèque Pestalozzi	EOREN — Ecole obligatoire région Neuchâtel	Musée d'art et d'histoire Neuchâtel	Ton sur Ton
Bibliothèque publique et universitaire de Neuchâtel	Fédération africaine des montagnes neuchâteloises	Musée d'ethnographie de Neuchâtel	TPR — Théâtre populaire romand
Case à Chocs		Muséum d'histoire naturelle de Neuchâtel	UniNE — Institut d'ethnologie, Institut d'histoire, Institut de langue et civilisation françaises
Centre Dürrenmatt Neuchâtel	Haute école de musique Genève-Neuchâtel	MBAL — Musée des Beaux-Arts Le Locle	
Ciné-Club du Val-de-Travers	Jardin botanique de Neuchâtel		Université du 3ᵉ âge

printempsculturel.ch

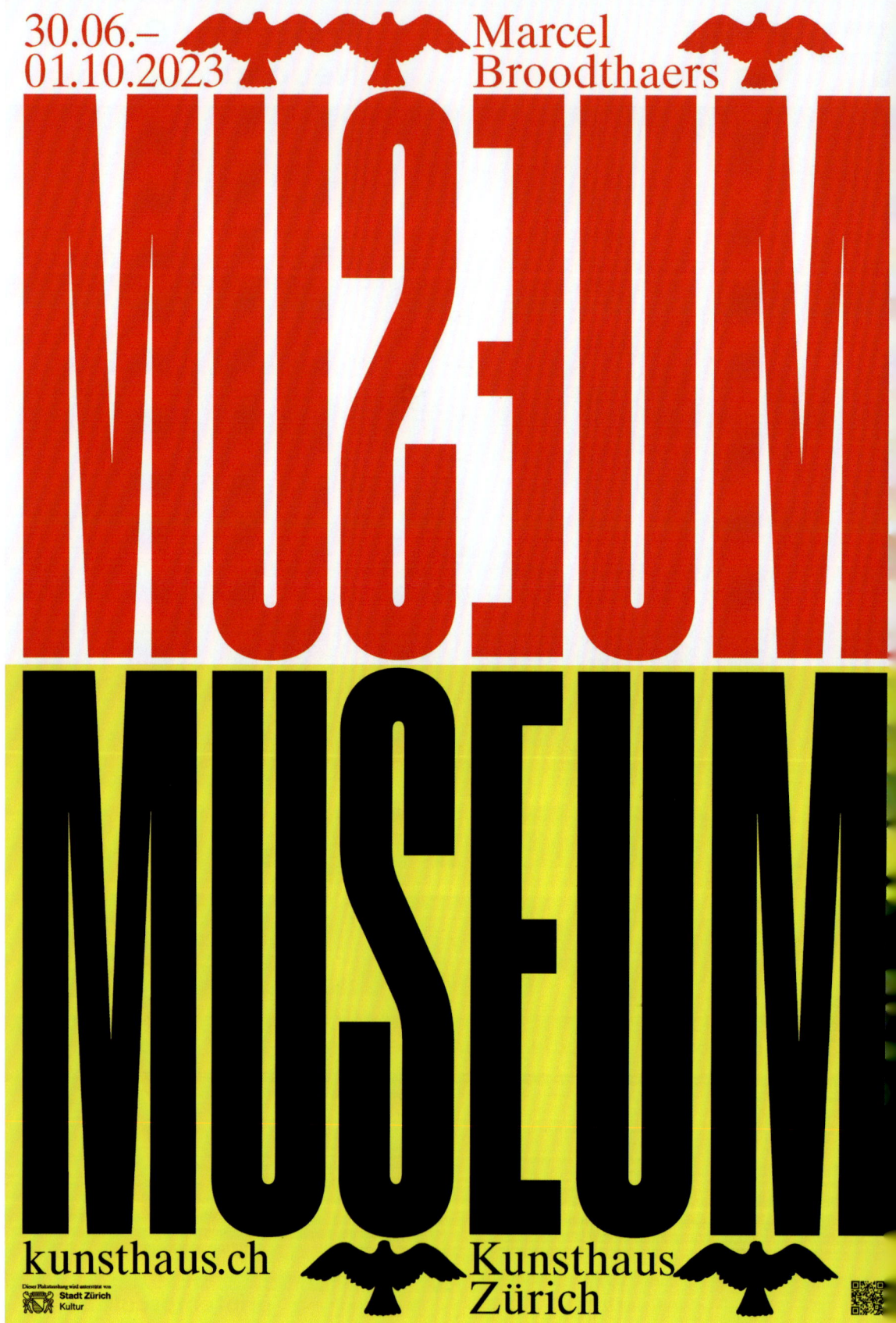

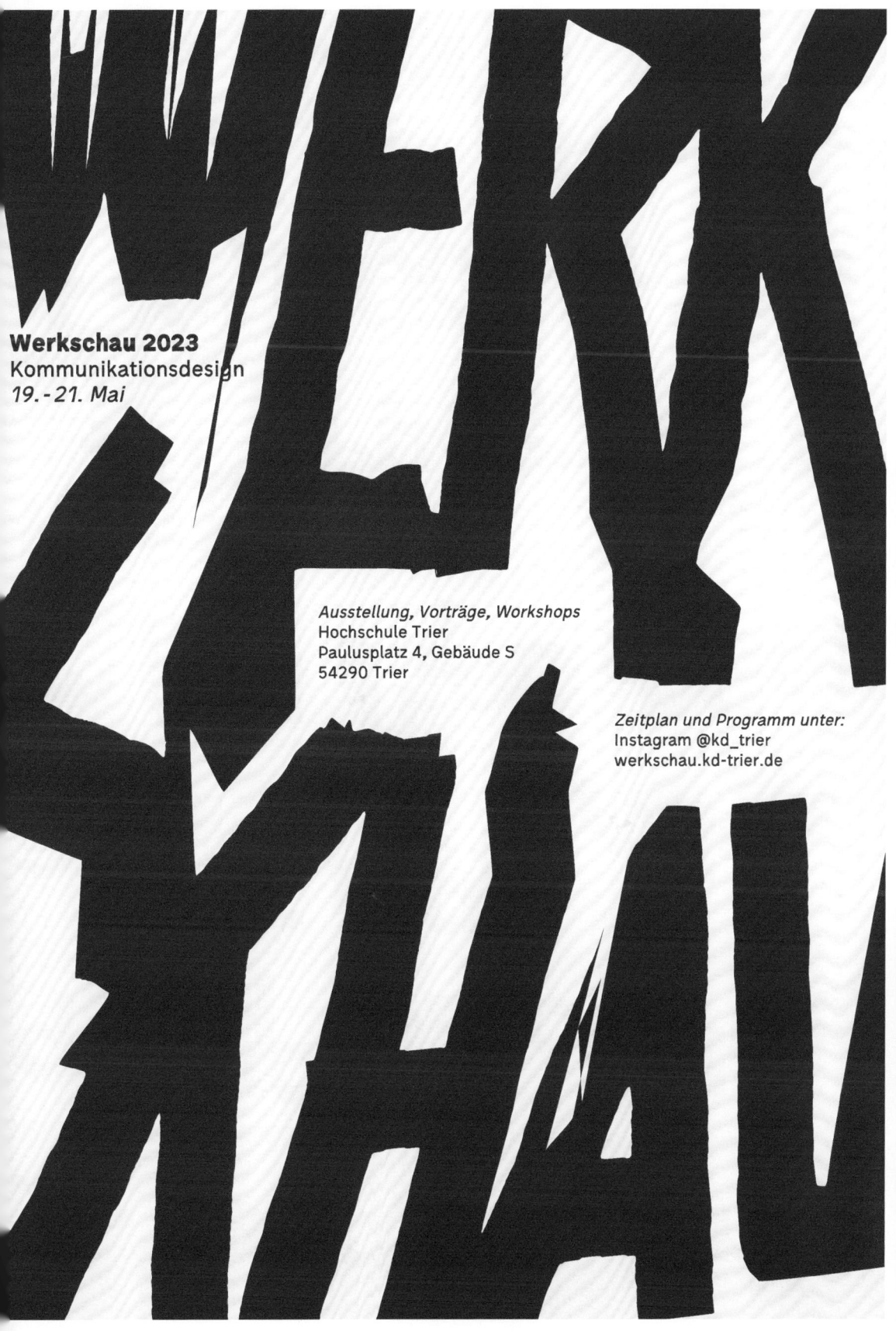

.91/100

P.A.G.E.S.

HEAD – Genève

Salon du livre d'artiste
et de l'imprimé contemporain
Geneva Print & Art Book fair
03–05.02.2023

www.p-a-g-e-s.ch

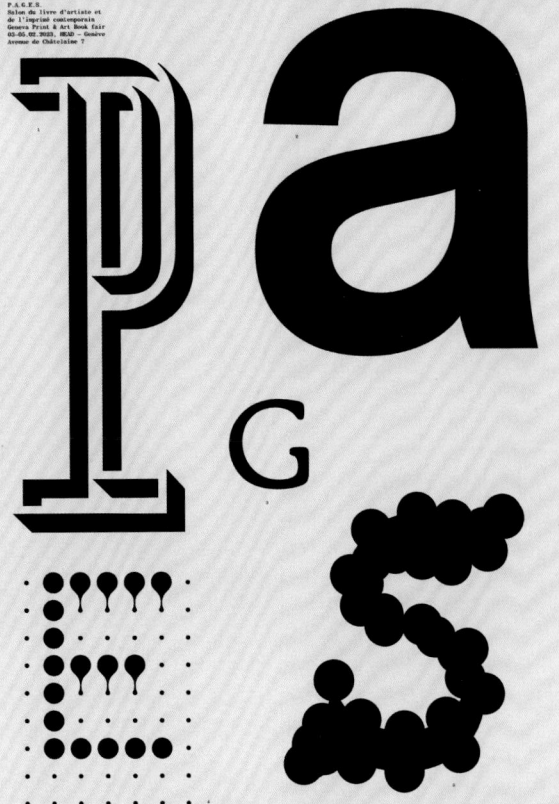
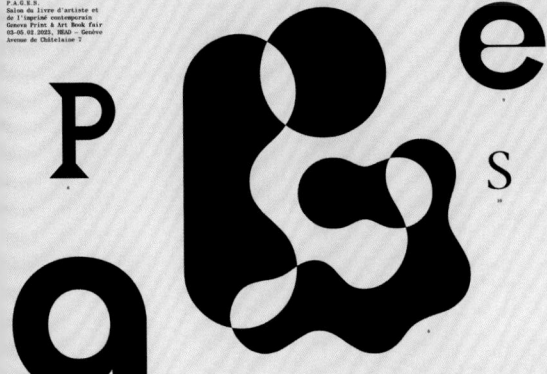

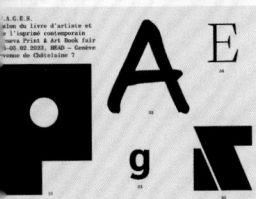
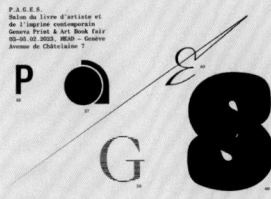

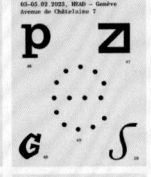

LES YEUX SANS VISAGE

25.11.23
21 UHR

NEUBAD
KLUB

LOUISE BORINSKI
JULIANKE
JOWATZKI

12. Dezember 2023

Doppelvortrag

Studio ELM

14:00 Uhr
GRU 210

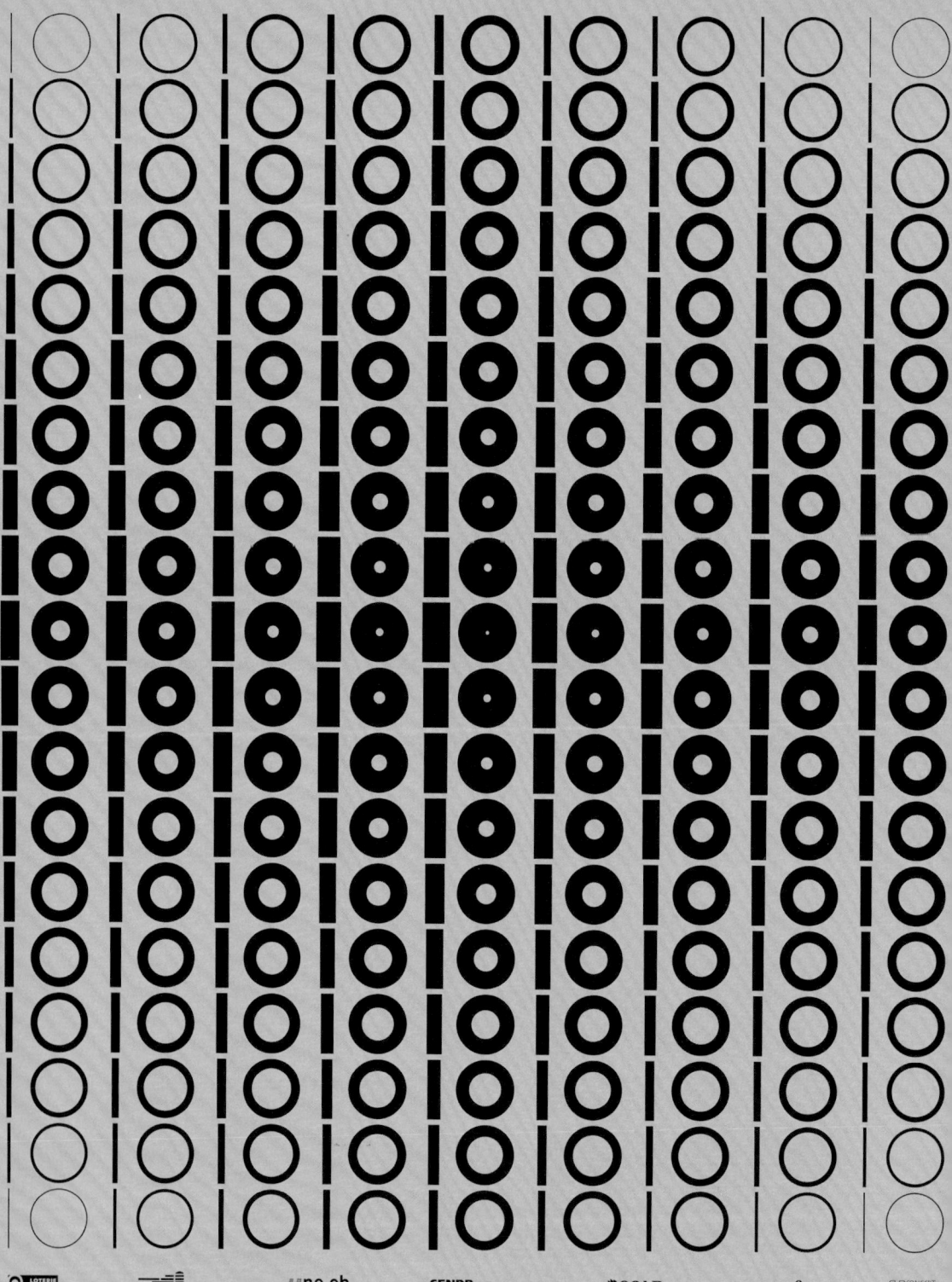

SpEcToR
JaN wEnZeL (vOrTrAg)
31. OkToBeR 2023
19:30, LiNkE kApElLe
(bRoT uNd BuTtEr)
SpEcToR bOoOoKs
JaN wEnZeL (vOrTrAg)
31. OkToBeR 2023
19:30, LiNkE kApElLe
(bRoT uNd BuTtEr)
SpEcToR bOoKs
JaN wEnZeL (vOrTrAg)
31. OkToBeR 2023
19:30, LiNkE kApElLe
(bRoT uNd BuTtEr)
SpEcToR bOoKs
JaN wEnZeL ( )

Spector Books verlegt Bücher am Schnittpunkt von Kunst, Theorie und Design. Der Leipziger Verlag lotet dabei die Möglichkeiten eines lebendigen Austauschs zwischen allen an einer Buchproduktion Beteiligten aus: zwischen Künstlern, Textautoren, Buchgestaltern, Lithografen, Druckern und Buchbindern. Das Medium Buch soll hier zur Bühne werden: zu produktiven Auseinandersetzung. Denn dem Medium besteht heute nicht zuletzt darin, ein rektiertes Wechselspiel zwischen Inhalt, Gestaltung und der Materialität des Buchkörpers neu zu erproben. Mehr auf www.spectorbooks.com

Initiative Urheberrecht, AT
© **Bildende Kunst**

Initiative Urheberrecht, AT
© Literatur

Initiative Urheberrecht, AT
© **Kunst und Kultur**

Initiative Urheberrecht, AT
© Literatur

Initiative Urheberrecht, AT
© Bildende Kunst

Initiative Urheberrecht, AT
© **Musik**

Initiative Urheberrecht, AT
© Musik

Initiative Urheberrecht, AT

Initiative Urheberrecht, AT
© **Kunst und Kultur**

Initiative Urheberrecht, AT
© **Film und Theater**

Explorations in the border zone of art and politics
POSTERS ON THE ARTIST'S COMMISSION

SELF ORDERS

PLAKATE IM EIGENAUFTRAG.
Erkundungen im Grenzstreifen von Kunst un

Helene Roolf

Das Thema „Plakate im Eigenauftrag" hatte ich schon länger als vage und, wie mir schien, lohnende Ausstellungsidee im Kopf. Durch die Anfrage oder – zugespitzter formuliert – den Auftrag von Fons Hickmann, etwas zu politischen Plakaten im Rückgriff auf das Archiv der „100 besten Plakate" ohne weitere inhaltliche Vorgaben zu schreiben, kam mir das Thema der selbstinitiierten, engagierten Plakatgrafik wieder in den Sinn: eine kleine verlockende Inselgruppe inmitten des schier endlosen Meers an im Auftrag entstandenen Plakaten, „im Niemandsland zwischen Kunst und Politik".[1]

Die frühe politische Plakatkunst in Deutschland bietet mit ihren Wahl-, Propaganda- und Kriegsplakaten vor, während und nach beiden Weltkriegen bereits die extremsten Beispiele gestalterischer Indienstnahme von Gebrauchsgrafiker:innen wie Künstler:innen an. Nur selten tauchten politische Plakate vor 1914 auf – neben der Produktwerbung und den kulturellen Plakaten als den zwei weiteren großen Tätigkeitsfeldern[2], die in der Regel für die Gestalter:innen „Auftragskunst" mit geringerem persönlichen Identifikationszwang waren, da sie – ihrem Mitteilungszweck geschuldet – kaum mit politischer Gesinnung aufgeladen waren. Die Novemberrevolution 1918/19 kann, so Jörn Grabowski, als der „eigentliche Beginn einer politischen Plakatkunst in Deutschland" angesehen werden, wurde durch sie nun das alte Presserecht des deutschen Kaiserreichs obsolet, „das jede politische Agitation, die sich des öffentlichen Anschlages bediente, grundsätzlich verboten hatte".[3] In der daraufhin einsetzenden explosionsartigen Entfaltung des politischen Plakates bis in die 1920er Jahre hinein brach sich ebenfalls die Hoffnung Bahn, dass nun im Medium Plakat die wirksame Verbindung von Kunst und Politik gefunden worden war und dadurch die aktive Teilhabe der Plakatkünstler:innen an der Gestaltung der neuen Gesellschaft wie auch eine Mobilisierung derselben gelingen würden. Auch Käthe Kollwitz, deren Plakat für den Mitteldeutschen Jugendtag in Leipzig von 1924 mit der Parole „Nie wieder Krieg" noch in den 1950er Jahren erneut zum „Antikriegsplakat schlechthin" avancierte, stellte ihr freies künstlerisches Schaffen zugunsten einer größeren Wirksamkeit innerhalb der Gesellschaft zurück:

„In solchen Augenblicken, wenn ich mich mitarbeiten weiß in einer internationalen Gemeinschaft gegen den Krieg, hab ich ein warmes, durchströmendes und befriedigendes Gefühl. Freilich, reine Kunst in dem Sinne wie z. B. die Schmidt-Rottluffs ist meine nicht. Aber Kunst doch. Jeder arbeitet, wie er kann. Ich bin einverstanden damit, daß meine Kunst Zwecke hat. Ich will wirken in dieser Zeit, in der die Menschen so ratlos und hilfsbedürftig sind."[5]

Der expressionistische Maler und Grafiker Max Pechstein, Mitinitiator der im Dezember 1918 in Berlin gegründeten Künstlervereinigung „Novembergruppe", sei hier stellvertretend genannt für den idealen Typus des mit großer Emphase gestaltenden Künstlers, der in diesem Fall mit der Revolution sympathisierte, für den Sozialismus Partei ergriff und Plakate ‚im amtlichen Auftrag' für den „Werbedienst der Deutschen Republik" entwarf, die z. B. zur Wahl der Nationalversammlung aufriefen. Die Qualität und Besonderheit des politischen Plakats macht sich generell laut Hellmut Rademacher vor allem daran fest, dass es „mehr als andere künstlerische Äußerungen vom persönlichen Bekenntnis seiner Schöpfer [zehrt]".[6] Neben diesen sich politisch klar und unverrückbar im Plakat artikulierenden Künstlerpersönlichkeiten identifizierte Ruth Malhotra in der Frühzeit des deutschen politischen Plakats auch Maler und Grafiker, die „aus verschiedenen politischen Richtungen kamen oder auch solche, die auf keine fixiert waren und nur gelegentlich einen politischen Plakatenwurf ausführten, mitunter auch für Auftraggeber verschiedener und sogar entgegengesetzter politischer Couleur".[7]

...

Ob die Entwerfenden im politischen Plakat sich als bildende Künstler:innen oder Grafik-Designer:innen verstehen und verstanden haben, ist für die Eindringlichkeit der politischen Botschaft nachrangig. Wichtiger waren und sind die Wahl der Auftraggeber und das Ausdeuten des Dienstleistungsverhältnisses im Spannungsfeld von Komplizenschaft und größtmöglicher künstlerischer Unabhängigkeit beziehungsweise Anpassung und Unterordnung. Das 1970 gegründete französische Grafikerkollektiv Grapus, seine späteren Nachfolgekollektive und das seit 1999 in Berlin tätige Designstudio „image-shift. visuelle kommunikation & andere missverständnisse" wären exemplarisch zu nennen für ein Grafikdesign, das versucht(e), seiner gesellschaftspolitischen Verantwortung im Auftragsverhältnis nachzukommen, auf vertrauensvoller Augenhöhe oder sogar in einem übersteigerten ‚Piraten-Verhältnis'. Dazu Malte Martin (ehemals Grapus) im Interview: „Die zweite Frage ist das Verhältnis zum Kunden. Um auch da nochmal auf die Grapus-Geschichte zu kommen: Das war eher ein Verhältnis von absoluter Komplizenschaft (...). Es war eine politische Verwandtschaft (…). Auf der Basis dieser Connection und Sympathie war ein Vertrauensverhältnis da, ein sehr interessanter Aspekt, weil dadurch wahrscheinlich mutigere Projekte zustande kamen, als in einem normalen distanzierten beruflichen Verhältnis."[8]

„Die Frage dabei ist natürlich aber auch das Problem der Instrumentalisierung! Inwieweit bringe ich ein Anliegen und einen Auftraggeber voran, indem ich ihn ein bisschen weiterschubse, als er wollte, und inwieweit habe ich ein ‚Piraten-Verhältnis' zum Auftraggeber, d. h., ich benutze den Auftrag, um mein Plakat zu machen, auch wenn der Auftraggeber mit seinem Anliegen sich nicht damit identifizieren kann."[9]

Allein in den Plakaten im Eigenauftrag kann sich die grafische Zunft schließlich jeglichem Diktat der wie auch immer gesonnenen Auftraggeber entledigen. Sie entkommt dabei in diesen bekennenden, aufklärerischen Blättern als klassische Autor:innengrafik wesentlichen Sachzwängen – wenngleich die Herausforderung von deren Finanzierung und Verbreitung nun auch in ihrer alleinigen Verantwortung verbleibt. Darüber hinaus stellt sich allgemein die Frage, ob dieser von Plakatkünstler:innen doch nur selten bespielte Freiraum die entscheidende Voraussetzung für eine besondere Schöpfungshöhe bei politischen Plakaten ist. In Anbetracht von Schweizer politischen und sozialen Plakaten versagte sich Willy Rotzler Mitte der 1980er Jahre letztlich eine eindeutige Antwort, ja er unterstrich die Offenheit dieser Frage noch einmal, indem er schrieb: „Es gibt kein deutliches Ja oder Nein auf die Frage: Sind Meisterplakate Resultat voll genutzter Freiheit oder siegreicher Überwindung auferlegter Zwänge?"[10]

Für das politische Plakatschaffen der DDR hingegen bejahte Sylke Wunderlich uneingeschränkt diese Frage und wies in diesem Zusammenhang auch auf die Schlüsselrolle von thematischen Wettbewerben wie beispielsweise zur antiimperialistischen Solidarität, zu Natur und Umwelt, Frieden und Abrüstung hin.[11] Insbesondere der seit 1966 erstmals ausgeschriebene Wettbewerb um die besten Plakate des Jahres hatte in seiner Frühzeit in der DDR einen zusätzlichen nachweisbaren Effekt als adelnder Multiplikator: Die Plakate, die im Eigenauftrag nur in geringer Auflage gedruckt wurden, konnten folglich kaum eine große Bühne auf Straßen und an Litfaßsäulen finden. Erst durch die wertschätzende Aufmerksamkeit der jährlichen Auszeichnung bei den „Besten Plakaten" wurden sie in das Posterprogramm des Staatlichen Kunsthandels oder die Mappenwerke des Verlages für Agitation und Propaganda aufgenommen und vergrößerten ihren Resonanzraum so erheblich.[12] Vollkommen losgelöst von der für die

DDR teils spezifischen Themensetzung sind bis heute Wettbewerbe wichtige Impulsgeber in dem Feld der im Eigenauftrag entstandenen politischen Plakate, auch wenn laut Bettina Richter diese zusätzlich „die Migration des Protestplakats von der Straße in den musealen Innenraum"[13] unterstützen. Stellvertretend für den deutschsprachigen Raum seien der seit 2010 stattfindende jährliche Wettbewerb „Mut zur Wut" [■ Abb. 1] ebenso wie der Hamburger „anfachen award" erwähnt, der seit 2016 um Einsendungen „grafischer Unmutsspeicher"[14] bittet – in der ersten Ausgabe zum Thema „Frauen", in den darauffolgenden Jahren zu Themen wie „Toleranz", „Wasser", „Demokratie" und „Angst". Die Gewinnerplakate erreichen dann eine erste Öffentlichkeit an offiziell genehmigten Hängeflächen im Hamburger Stadtraum.

Der Anspruch von Protestplakaten, die in Eigeninitiative entstehen, ist also in zweifacher Hinsicht hoch: einerseits für seine Adressaten, weil diese politischen Plakate nicht die „Kitzelung des Egoismus und des Bedürfnisses nach mehr Komfort, sondern Erziehung zu gesellschaftlichem Verantwortungsgefühl im Sinne einer bestimmten politischen Richtung"[15] anstreben; und andererseits für die Gestalter:innen, von denen eine politisch klare Haltung verlangt wird.

Klaus Staeck hat mit seinen knapp 400 Plakaten, die mehrheitlich ohne Auftrag entstanden sind, in diesem Bereich Maßstäbe gesetzt und genießt fraglos Vorbildcharakter für heranwachsende Grafiker:innen [■ Abb. 2]; aber auch in dem Plakatschaffen von Manfred Butzmann [■ Abb. 3 + 4] und Lex Drewinski [■ Abb. 5 + 6] sind die im Eigenauftrag entworfenen Plakate keine Solitäre geblieben. Staecks Einsicht, dass sein Unabhängigkeitsstreben innerhalb seiner plakatkünstlerischen Arbeit letztlich die Rolle und eine Einflussnahme des Auftraggebers vollkommen ausschließt, da „Satire durch ein Gremium zu bringen (…) fast unmöglich [ist]"[16], zwang ihn dazu, sich eigenverantwortlich um Fragen der Herstellung, der Distribution und der Finanzierung zu kümmern. Er lehnt(e) das wilde Plakatieren seiner Arbeiten generell ab (beispielsweise fand das plakative Statement „Griechenlands neuer Eigentümer" von Steffen Knöll 2015 so seine Öffentlichkeit; ■ Abb. 7), ebenso wie subversives Überkleben oder Abreißen der Plakate anderer. Von einer anonymen Veröffentlichung sah und sieht Staeck ebenfalls ab, alle seine Arbeiten entfalteten ihre wirkungsvolle Gegenöffentlichkeit paradoxerweise an öffentlich genehmigten Hängeflächen und Litfaßsäulen, im Sinne des Presserechts mit Impressum und seiner vollen Anschrift versehen. Diesem ‚ordentlichen' Kontext des bewilligten Straßenanschlags weist Staeck – einem trojanischen Pferd gleich – eine ungleich höhere Durchschlagskraft zu, als wenn er stattdessen seine politischen Botschaften allein im White Cube des Ausstellungsraums platzieren würde.[17]

Manfred Butzmann hat – ähnlich wie Klaus Staeck es auch mit dem Erlös seiner Grafik-Editionen gemacht hat – die Gewinne aus dem Verkauf seiner freien Grafik wieder in den Druck seiner im Eigenauftrag entstandenen Plakate investiert, die jedoch bis 1989/90 noch unter gänzlich anderen systemischen Bedingungen entstanden. Anders als der Jurist Staeck, gegen dessen Plakate und Postkarten 41 erfolglose Prozesse geführt worden sind, hätte Butzmann – als sein ostdeutscher Kollege im Geiste – es nicht einmal zu *einem* Prozess kommen lassen dürfen, da er diesen sowieso verloren hätte, so Butzmann 1996 im Interview. Interessanterweise war ihm die wiederholte Auszeichnung seiner auch selbstinitiierten Plakate beim Wettbewerb der „100 besten Plakate" bis 1990 einerseits Schutzschild, andererseits Verpflichtung: „Ich musste immer versuchen, soweit es ging, mit einzukalkulieren, was passiert, wenn ich zu weit gehe. Wenn ich zu weit gehe, werde ich rausgeschmissen. Das wollte ich nicht. Und andererseits hatte ich die künstlerische Verpflichtung[,] so gut wie möglich zu sein, weil daraus meine Freiheit erwuchs, anderen gegenüber, die keiner kannte. Wenn ein Unbekannter ein solches Plakat gemacht hatte, hatte er es natürlich viel schwerer als ich, da ich jedes Jahr bei den hundert besten Plakaten dabei war. Da fällt es dann auf, wenn einer weg ist." [18]

Für Gestalter:innen bleiben politische Plakate (im Eigenauftrag) in ihrer Herstellung und Verbreitung also besonders anspruchsvoll. Zudem müssen sie eine eindringliche Gestaltung der zu übermittelnden Inhalte finden, die ihr Publikum schnell und nachhaltig auf der Straße wie über diverse digitale Kanäle aktivierend anspricht. Es ist zwar eine, wenn nicht die grundlegende kommunikative Eigenschaft des Mediums Plakat und doch scheint diese bei politischen Plakaten noch übersteigert zu werden, indem deren Sprache zuweilen scharf und pathetisch, nicht verklausuliert, sondern klar, allgemeinverständlich und so gut wie nie in abstrakten Kompositionen, sondern mehrheitlich gegenständlich formuliert ist.[19] Bei den bereits genannten einflussreichen Grafikern Klaus Staeck und Manfred Butzmann wie auch bei dem Friedensplakat des ebenso produktiven Niklaus Troxler [■.59/100] ist für das erste Verständnis ihrer bild-textlichen Botschaften die Kenntnis der deutschen Sprache zwingend, im Butzmann-Plakat „Rettet den Kapitalismus! Handelt jetzt!" [■ Abb. 4] tritt die nötige Entschlüsselung der deutschen Redewendung in Sütterlin als zusätzliche Hürde hinzu. Andere der in den letzten zwei Jahrzehnten ausgezeichneten Plakate, die im Eigenauftrag entstanden sind, wählen zwecks garantiert schneller Eingängigkeit und zur Vergrößerung ihres Rezipientenkreises gleich das englische Idiom [■ Abb. 5 + 8] oder einen international verstehbaren Sprachcode wie das Morsealphabet in dem „Lampedusa"-Plakat von Mario Moth [■ Abb. 9]. Einen weiteren, noch radikaleren Schritt in Richtung einer Internationalisierung und weltweiten Lesbarkeit gehen politische Plakate wie beispielsweise das von Yves Krähenbühl [■ Abb. 10], das kapitalismuskritische Blatt von Vincenzo Fagnani [■ Abb. 11] und das „Migration und Flucht"-Plakat von Johnson / Kingston [■ Abb. 12]: Allen Arbeiten ist der Text ausgetrieben, ihre gestalterische Sprache bedient sich aus dem Fundus der Populärkultur, dekonstruiert und überschreibt nationale Flaggensymbole (siehe dazu auch die ■ Abb. 6 + 7) und kontrastiert fotografische Bildwelten. Sogenannte „No Words Posters"[20] scheinen mittlerweile das Feld politischer Plakate zu bestimmen, losgelöst davon, ob sie im Eigenauftrag entstanden sind oder nicht.

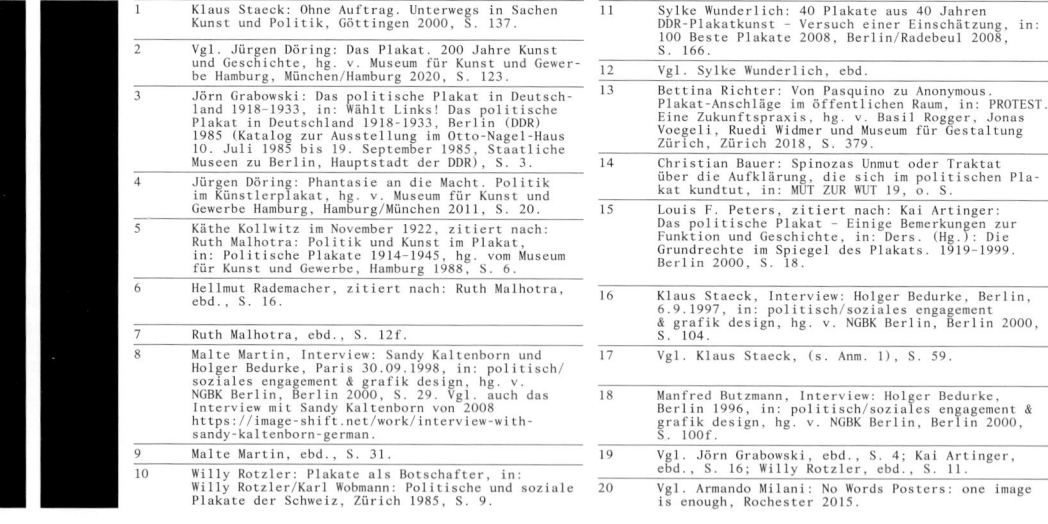

1	Klaus Staeck: Ohne Auftrag. Unterwegs in Sachen Kunst und Politik, Göttingen 2000, S. 137.	11	Sylke Wunderlich: 40 Plakate aus 40 Jahren DDR-Plakatkunst – Versuch einer Einschätzung, in: 100 Beste Plakate 2008, Berlin/Radebeul 2008, S. 166.
2	Vgl. Jürgen Döring: Das Plakat. 200 Jahre Kunst und Geschichte, hg. v. Museum für Kunst und Gewerbe Hamburg, München/Hamburg 2020, S. 123.	12	Vgl. Sylke Wunderlich, ebd.
3	Jörn Grabowski: Das politische Plakat in Deutschland 1918-1933, in: Wählt Links! Das politische Plakat in Deutschland 1918-1933, Berlin (DDR) 1985 (Katalog zur Ausstellung im Otto-Nagel-Haus 10. Juli 1985 bis 19. September 1985, Staatliche Museen zu Berlin, Hauptstadt der DDR), S. 3.	13	Bettina Richter: Von Pasquino zu Anonymous. Plakat-Anschläge im öffentlichen Raum, in: PROTEST. Eine Zukunftspraxis, hg. v. Basil Rogger, Jonas Voegeli, Ruedi Widmer und Museum für Gestaltung Zürich, Zürich 2018, S. 379.
4	Jürgen Döring: Phantasie an die Macht. Politik im Künstlerplakat, hg. v. Museum für Kunst und Gewerbe Hamburg, Hamburg/München 2011, S. 20.	14	Christian Bauer: Spinozas Unmut oder Traktat über die Aufklärung, die sich im politischen Plakat kundtut, in: MUT ZUR WUT 19, o. S.
5	Käthe Kollwitz im November 1922, zitiert nach: Ruth Malhotra: Politik und Kunst im Plakat, in: Politische Plakate 1914-1945, hg. vom Museum für Kunst und Gewerbe, Hamburg 1988, S. 6.	15	Louis F. Peters, zitiert nach: Kai Artinger: Das politische Plakat – Einige Bemerkungen zur Funktion und Geschichte, in: Ders. (Hg.): Die Grundrechte im Spiegel des Plakats. 1919-1999. Berlin 2000, S. 18.
6	Hellmut Rademacher, zitiert nach: Ruth Malhotra, ebd., S. 16.	16	Klaus Staeck, Interview: Holger Bedurke, Berlin, 6.9.1997, in: politisch/soziales engagement & grafik design, hg. v. NGBK Berlin, Berlin 2000, S. 104.
7	Ruth Malhotra, ebd., S. 12f.	17	Vgl. Klaus Staeck, (s. Anm. 1), S. 59.
8	Malte Martin, Interview: Sandy Kaltenborn und Holger Bedurke, Paris 30.09.1998, in: politisch/ soziales engagement & grafik design, hg. v. NGBK Berlin, Berlin 2000, S. 29. Vgl. auch das Interview mit Sandy Kaltenborn von 2008 https://image-shift.net/work/interview-with-sandy-kaltenborn-german.	18	Manfred Butzmann, Interview: Holger Bedurke, Berlin 1996, in: politisch/soziales engagement & grafik design, hg. v. NGBK Berlin, Berlin 2000, S. 100f.
9	Malte Martin, ebd., S. 31.	19	Vgl. Jörn Grabowski, ebd., S. 4; Kai Artinger, ebd., S. 16; Willy Rotzler, ebd., S. 11.
10	Willy Rotzler: Plakate als Botschafter, in: Willy Rotzler/Karl Wobmann: Politische und soziale Plakate der Schweiz, Zürich 1985, S. 9.	20	Vgl. Armando Milani: No Words Posters: one image is enough, Rochester 2015.

1 Zwölf		2 Daniel Wiesmann	
Mut zur Wut ... Courage for Rage	2018	Vortrag von Klaus Staeck ... Lecture by Klaus Staeck	2004

3/4 Manfred Butzmann			
Bush in die Wüste ... Bush to the Desert	2002	Rettet den Kapitalismus! Handelt jetzt! ... Save Capitalism! Trade Now!	2003

5/6 Lex Drewinski			
Free Pussy Riot ... Pussy Riot befreien!	2013	Spiel mit dem Feuer ....Playing with Fire	2015

7 Steffen Knöll		8 Golden Cosmos	
Griechenlands neuer Eigentümer ... Greece's New Owner	2015	Woman!Life!Freedom!	2022

9 Mario Moth		10 Yves Krähenbühl	
Lampedusa	2015	U.S.A.	2017

11 Vincenzo Fagnani		12 Johnson / Kingston	
Das Kapital ... Capital	2013	Migration & Flucht ... Migration and Escape	2015

Referenzen   References

1

3 / 4

7

9   10

2

5/6

8

11/12

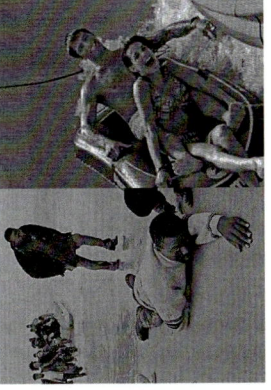

Helene Roolf, born 1976 in Soissons, France; Master's studies in Art History, Modern German Literature and History in Münster, Bordeaux and Hamburg.

Initial professional experience in galleries and publishing as well as in education and digital archiving for art and applied arts museums (Hamburger Kunsthalle, MK&G Hamburg). Freelance curator of the travelling exhibition "Der Horst-Janssen-Archipel" at the Altonaer Museum, Hamburg, and the Horst-Janssen-Museum Oldenburg.

Working since 2017 as curator of the poster art collection at the Brandenburg State Museum of Modern Art in Cottbus, where, in addition to maintaining/expanding the collection, she curates poster exhibitions (including Disco Not Disco. Internationale Club- und Konzertplakate der Gegenwart, Kollektive Signaturen. Komplizenschaft und kooperative Produktion im Plakat) and solo exhibitions by German visual artists (including Karla Woisnitza. über grenzen) and co-curator of cross-collection presentations (Papier ist (un)geduldig. Rollomalerei, Künstlerbücher und Künstlerplakate aus der Sammlung des BLMK).

Helene Roolf
+49-355-49494060
h.roolf@blmk.de
blmk.de

Helene Roolf, geb. 1976 in Soissons (Frankreich); Magisterstudium der Kunstgeschichte, Neuere deutsche Literatur und Geschichte in Münster, Bordeaux und Hamburg.

Erste Berufspraxis in der Galerie- und Verlagsarbeit sowie in Vermittlung und digitaler Inventarisierung für Kunst- und Kunstgewerbemuseen (Hamburger Kunsthalle, MK&G Hamburg). Freie Kuratorin der Wanderausstellung „Der Horst-Janssen-Archipel" am Altonaer Museum, Hamburg und dem Horst-Janssen-Museum Oldenburg.

Seit 2017 als Kustodin der Sammlung Plakatkunst am Brandenburgischen Landesmuseum für moderne Kunst in Cottbus beschäftigt, dort neben Sammlungspflege/-ausbau Kuratorin von Plakatausstellungen (u. a. Disco Not Disco. Internationale Club- und Konzertplakate der Gegenwart, Kollektive Signaturen. Komplizenschaft und kooperative Produktion im Plakat) und Einzelausstellungen deutscher bildender Künstler:innen (u. a. Karla Woisnitza. über grenzen) und Co-Kuratorin sammlungsübergreifender Präsentationen (Papier ist (un)geduldig. Rollomalerei, Künstlerbücher und Künstlerplakate aus der Sammlung des BLMK).

I'd had the topic of self-ordered posters on my mind for some time as a vague and, it seemed to me, worthwhile exhibition idea. Fons Hickmann's enquiry or—to put it more succinctly—his commission to write something about political posters using the archive of the 100 best posters without any further specifications in terms of content, brought the subject of self-initiated, activist poster art back to mind: a small, enticing group of islands in the midst of the seemingly endless sea of commissioned posters, "in the no man's land between art and politics."[1]

Early political poster art in Germany, with its election, propaganda, and war posters before, during, and after the two world wars, offers the most extreme examples of creative utilisation by commercial graphic designers and artists. Political posters appeared quite rarely before 1914. Product and cultural advertising were the two other major realms of posters[2], which were generally "commissioned art" that their designers rarely identified with, as they—due to their communicative purpose—rarely contained any political sentiment. According to Jörn Grabowski, the November Revolution of 1918/19 can be seen as the "real beginning of political poster art in Germany," as it rendered obsolete the old press law of the German Empire, "which had fundamentally prohibited any political agitation making use of public posters."[3]

The subsequent boom in the development of political posters into the 1920s also gave rise to the hope that an effective link between art and politics had now been found in the poster medium that would enable poster artists to actively participate in shaping the new society and mobilise it. Käthe Kollwitz, whose poster for the Central German Youth Day in Leipzig in 1924 with the slogan "Nie wieder Krieg" would later re-emerge as the "epitomic anti-war poster"[4] in the 1950s, also put her personal artistic work aside in favour of greater effectiveness within society:

"In moments like these, when I know I am working against war with an international community, I have a warm, energising and satisfying feeling. Of course, mine is not pure art in the sense of Schmidt-Rottluff's, for example. But it is art. Everyone works as they can. I am content that my art has a purpose. I want to be effective in these times when people are so perplexed and in need of help."[5]

The Expressionist painter and graphic artist Max Pechstein, co-initiator of the November Group of artists founded in Berlin in December 1918, is representative of the ideal artist who designs with great emphasis, who in this case sympathised with the revolution, espoused socialism, and designed posters "on official commission" for the Werbedienst der Deutschen Republik (Advertising Service of the German Republic), which called for the election of a National Assembly, for example. According to Hellmut Rademacher, a political poster is generally characterised by the fact that it "draws, more than other artistic forms of expression, upon the personal convictions of its creator."[6] In addition to these artists who articulated their politics clearly and unwaveringly in posters, Ruth Malhotra also identified painters and graphic artists in the early days of German political posters who "came from different political backgrounds or even those who were not fixated on any particular one and only occasionally executed a political poster design, sometimes for clients of different and even opposing political persuasions."[7]

Whether the designers of political posters see and saw themselves as visual artists or graphic designers is of secondary importance for the urgency of the political message. More important were and are the choice of clients and the interpretation of the service relationship between the poles of complicity and the greatest possible artistic independence or between adaptation and subordination.

The French graphic design collective Grapus, founded in 1970, its later successor collectives, and the design studio image-shift. visuelle kommunikation & andere missverständnisse, which has been active in Berlin since 1999, are examples of graphic design that attempts to fulfil its socio-political responsibility within the commissioned relationship, on a trusting equal footing or even in an exaggerated "pirate relationship." Malte Martin (formerly of Grapus) notes in an interview, "The second question is the relationship with the client. To come back to the Grapus story: That was more a relationship of absolute complicity (...). It was a political kinship (...). On the basis of this connection and sympathy, there was a relationship of trust, a very interesting aspect, because this probably resulted in more courageous projects than in a common distanced professional relationship."[8]

"The question here, of course, is also the problem of instrumentalisation! To what extent do I advance a cause and a client by pushing him a little further than he wanted to go, and to what extent do I have a 'pirate relationship' with the client, i.e. I use the commission to make my poster, even if the client can't identify with it."[9]

It is only in self-commissioned posters that the graphic designer can finally be free from any client dictates. In these avowed, informative sheets—classic auteur graphic art—the designer escapes essential constraints although the challenge of financing and distributing the posters now remains their sole responsibility. In addition, the general question arises as to whether this freedom, which is rarely utilised by poster artists, is the key prerequisite for a particular level of artistic quality in political posters. Examining Swiss political and social posters in the mid-1980s, Willy Rotzler ultimately refused to give a clear answer to this question, indeed he wrote, "There is no clear yes or no to the question: Do masterful posters result from fully utilised freedom or from victoriously overcoming imposed constraints?"[10]

Sylke Wunderlich, on the other hand, answered this question in the affirmative with regards to political poster art of the GDR and, in this context, also pointed out the key role of theme-based competitions such as those on anti-imperialist solidarity, nature and the environment, peace, and disarmament. In particular, the competition for the annual best posters, first announced in 1966, had an additional demonstrable effect as an ennobling multiplier in its early days in the GDR: the posters, which were only printed in small numbers on the artists' own accounts, could therefore hardly find a large stage on the streets and on advertising pillars. It was only through the esteeming attention of the annual Best Posters awards that they were included in the poster programme of the state art trade or the portfolios of the Verlag für Agitation und Propaganda, thus considerably increasing their resonance.[12] Completely detached from the specific themes of the GDR, competitions are still an important source of inspiration in the field of self-commissioned political posters, even if, according to Bettina Richter, they also support "the migration of the protest poster from the street to the museum interior."[13] The annual Mut zur Wut competition [■ Fig. 1], held since 2010, and the Hamburg anfachen award (anfachen means "to stoke, instigate, foment"), which has invited submissions of "reservoirs of discontent in graphic design"[14] since 2016—the first year on the topic of "women," and in subsequent years on topics such as "tolerance," "water," "democracy," and "fear"—are representative of the German-speaking world. The winning posters then reach the public for the first time on officially authorised locations in Hamburg's urban space.

...

The aspirations of protest posters created on artist initiative is therefore high in two respects: for their recipients, because these political posters do not aim to "titillate egoism and the need for reassurance, but rather to teach people a sense of social responsibility in a certain political direction;"[15] and for the designers, who are required to take a politically clear stance.

Klaus Staeck set standards in this area with his almost 400 posters, the majority of which were uncommissioned, and undoubtedly serves as a role model for emerging graphic designers [■ Fig. 2] But even in the poster oeuvre of Manfred Butzmann [■ Fig. 3 + 4] and Lex Drewinski [■ Fig. 5 + 6], self-commissioned posters are not uncommon. Staeck's realisation that his striving for independence within his poster art ultimately ruled out the role and influence of the client, as "getting satire through a committee (...) is almost impossible,"[16] forced him to take on the burdens of production, distribution, and financing. He generally rejects fly-posting of his works (as in the case of the striking statement on "Greece's new owner" by Steffen Knöll in 2015; ■ Fig. 7), as well as subversively pasting over or tearing down the other posters. Staeck has also always refrained from anonymous publication; paradoxically, all of his works' effective counter-statements were posted on publicly authorised surfaces and advertising pillars and showed his imprint and full address in accordance with press law. Like a Trojan horse, Staeck ascribes this "orderly" authorised street posting an incomparably greater impact than if he were instead to place his political messages solely in the white cube of the exhibition space.[17]

Similarly to Klaus Staeck's use of the proceeds from his graphic editions, Manfred Butzmann took the profits from the sale of his freelance graphic art and reinvested them to print his self-commissioned posters; until 1989/90, they were, however, created under completely different systemic conditions. Unlike lawyer Staeck, who won 41 lawsuits brought against his posters and postcards, his East German counterpart Butzmann dared not risk even a *single* trial, as he would have lost it anyway, Butzmann said in an interview in 1996. Interestingly, the repeated awards for his self-initiated posters in the 100 Best Posters competition up to 1990 were both a protective shield and an obligation: "I always had to consider what would happen if I went too far. If I went too far, I would be kicked out. I didn't want that. Yet I had an artistic obligation to be as good as possible, because that's where my freedom stemmed from, compared to others who were unknown. If an unknown had made such a poster, he would have had a much harder time than I, because I was in the top hundred posters every year. A disappearance would have been conspicuous."[18]

For designers, political posters (self-commissioned) remain particularly challenging to produce and distribute. They also require an eye-catching design to appeal to the audience quickly and with lasting effect on the street and via various digital channels. Although this is one, if not the fundamental communicative characteristic of the poster medium, it seems exaggerated in political posters, where the language used is sometimes shrill and dramatic, not encoded, but clear, generally understandable, and almost never uses abstract compositions, but mostly figurative.[19]

In the case of the influential graphic artists Klaus Staeck and Manfred Butzmann mentioned above, as well as the peace poster by the equally productive Niklaus Troxler [■ .59/100], knowledge of the German language is essential for an initial understanding of their pictorial and textual messages; in the Butzmann poster "Rettet den Kapitalismus! Handelt jetzt!" (Save Capitalism! Trade now!*) [■ Fig. 4], the decoding of the German phrase in Sütterlin script is an additional hurdle.

Other self-initiated posters that have won awards in the last two decades choose the English language [■ Fig. 5 + 8] or an international code, such as the Morse code in the "Lampedusa" poster by Mario Moth [■ Fig. 9], to facilitate comprehension and increase their audience. A further, even more radical step towards internationalisation and worldwide legibility is taken by political posters such as Yves Krähenbühl's [■ Fig. 10], the anti-capitalism poster by Vincenzo Fagnani [■ Fig. 11], and the "Migration and d Escape" poster by Johnson / Kingston [■ Fig. 12]. All of these are devoid of text; their creative language draws on popular culture, deconstructs or overwrites the symbolism of national flags (see also ■ Fig. 6 + 7), or employs contrasting photographic imagery. "No words posters"[20] now seem to dominate the field of political posters, regardless of whether or not they were commissioned by the artist.

1	Klaus Staeck. *Ohne Auftrag. Unterwegs in Sachen Kunst und Politik.* Göttingen 2000, p. 137.		11	Sylke Wunderlich. "40 Posters from 40 Years of GDR Poster Art – An Attempted Assessment." *100 Beste Plakate 2008*, Berlin/Radebeul 2008, p. 166.
2	Cf. Jürgen Döring. *Das Plakat. 200 Jahre Kunst und Geschichte.* Museum für Kunst und Gewerbe Hamburg (eds.), Munich/Hamburg 2020, p. 123.		12	Cf. Sylke Wunderlich, ibid.
3	Jörn Grabowski. "Das politische Plakat in Deutschland 1918-1933." *Wählt Links! Das politische Plakat in Deutschland 1918-1933.* Berlin (GDR) 1985 (Catalogue of the exhibition in the Otto Nagel House 10 July 1985 to 19 September 1985, Staatliche Museen zu Berlin, capital of the GDR), p. 3.		13	Bettina Richter. "Von Pasquino zu Anonymous. Plakat-Anschläge im öffentlichen Raum." *PROTEST. Eine Zukunftspraxis*, Basil Rogger, Jonas Voegeli, Ruedi Widmer und Museum für Gestaltung Zürich (eds.), Zurich 2018, p. 379.
4	Jürgen Döring. *Phantasie an die Macht. Politik im Künstlerplakat.* Museum für Kunst und Gewerbe Hamburg (eds.), Hamburg/Munich 2011, p. 20.		14	Christian Bauer. "Spinozas Unmut oder Traktat über die Aufklärung, die sich im politischen Plakat kundtut." *MUT ZUR WUT 19*, no pagination.
5	Käthe Kollwitz, November 1922, cited from "Ruth Malhotra: Politik und Kunst im Plakat." *Politische Plakate 1914-1945*, Museum für Kunst und Gewerbe (eds.), Hamburg 1988, p. 6.		15	Louis F. Peters. Cited from Kai Artinger (ed.) "Das politische Plakat – Einige Bemerkungen zur Funktion und Geschichte." *Die Grundrechte im Spiegel des Plakats. 1919-1999.* Berlin 2000, p. 18.
6	Hellmut Rademacher, cited from Ruth Malhotra, ibid., p. 16.		16	Klaus Staeck, interview with Holger Bedurke, Berlin, 6 Sept. 1997, *politisch/soziales engagement & grafik design*, NGBK Berlin (eds.), Berlin 2000, p. 104.
7	Ruth Malhotra, ibid., pp. 12f.		17	Cf. Klaus Staeck, (see note 1), p. 59.
8	Malte Martin, interview with Sandy Kaltenborn and Holger Bedurke, Paris, 30 Sept. 1998, *politisch/soziales engagement & grafik design*, NGBK Berlin (eds.), Berlin 2000, p. 29. Cf. also the 2008 interview with Sandy Kaltenborn at https://image-shift.net/work/interview-with-sandy-kaltenborn-german.		18	Manfred Butzmann, interview with Holger Bedurke, Berlin 1996, *politisch/soziales engagement & grafikdesign*, NGBK Berlin (eds.), Berlin 2000, p. 100f.
			19	Cf. Jörn Grabowski, ibid., p. 4; Kai Artinger, ibid., p. 16; Willy Rotzler, ibid., p. 11.
9	Malte Martin, ibid., p. 31.		20	Cf. Armando Milani. *No Words Posters: one image is enough.* Rochester 2015.
10	Willy Rotzler. "Plakate als Botschafter." *Willy Rotzler/Karl Wobmann: Politische und soziale Plakate der Schweiz*, Zurich 1985, p. 9.		*	In German, the poster title is ambiguous in that handeln can mean both "trade" and "take action."

Jury

100 gute Gründe für (+) und (−)
100 gute Gründe für mehr Kontrast
100 gute Gründe für Zeitgeist
100 gute Gründe für Diskussionen
100 gute Gründe für Kompromisse
100 gute Gründe andere zu bewundern
100 gute Gründe für Argumentation
100 gute Gründe für Stilbruch
100 gute Gründe für gute Gestaltung
100 gute Gründe für mal anders
100 gute Gründe für neue Ansichten
100 gute Gründe für mal nachzugeben
100 gute Gründe für Beharrlichkeit
100 gute Gründe für Details
100 gute Gründe für Kritik
100 gute Gründe für Billboards
100 gute Gründe für gutes Handwerk
100 gute Gründe für Sandra

100 gute Gründe rumzukommen
100 gute Gründe für Austausch
100 gute Gründe für Tränen
100 gute Gründe für mehr Begeisterung
100 gute Gründe für Ungesehenes
100 gute Gründe für Diversität
100 gute Gründe für Isabelle

100 gute Gründe für viel mehr Grün
100 gute Gründe für ein Danke
100 gute Gründe für Sonderfarben
100 gute Gründe für dieses oder jenes
100 gute Gründe für Tobias

100 gute Gründe für gute Argumente
100 gute Gründe für Pfeile
100 gute Gründe für Fantasien
100 gute Gründe für mehr Komplimente
100 gute Gründe für Quadrate
100 gute Gründe für Frauen
100 gute Gründe für Frauen
100 gute Gründe für mehr Frauen
100 gute Gründe für Schräg
100 gute Gründe für Gerade
100 gute Gründe für etwas Kleiner
100 gute Gründe für Metallic
100 gute Gründe zu kombinieren
100 gute Gründe für Kunst
100 gute Gründe am Boden zu bleiben
100 gute Gründe für Entscheidungen
100 gute Gründe für schnelle Prozesse
100 gute Gründe für Haptik
100 gute Gründe für ein Lächeln
100 gute Gründe für mehr Raum
100 gute Gründe für weniger ist mehr
100 gute Gründe für Flávia

100 gute Gründe für ein Gefällt mir
100 gute Gründe nie laut zu werden
100 gute Gründe zu vermitteln
100 gute Gründe zu lehren
100 gute Gründe die Hand zu heben
100 gute Gründe für runde Ecken
100 gute Gründe für spitze Kanten
100 gute Gründe für Kommentare
100 gute Gründe für mehr Ehrgeiz
100 gute Gründe für mal ganz anders
100 gute Gründe für Chaos
100 gute Gründe für Ordnung
100 gute Gründe für Raster
100 gute Gründe für keine Schnörkel
100 gute Gründe für Tiefe
100 gute Gründe für gute Geschichten
100 gute Gründe ins Museum zu gehen
100 gute Gründe für Excellenz
100 gute Gründe es 2024 zu versuchen
100 gute Gründe Kontakte zu knüpfen
100 gute Gründe sich zurückzuziehn
100 gute Gründe spontan zu bleiben
100 gute Gründe für Wiederholungen
100 gute Gründe für mehr Humor

100 gute Gründe für Reflexion
100 gute Gründe für Eifer
100 gute Gründe für Sekundärquellen
100 gute Gründe für Ausstausch
100 gute Gründe für Engagement
100 gute Gründe auf andere zuzugehen
100 gute Gründe für Träume
100 gute Gründe für Toan

100 beste Plakate 23   D/A/CH

Welch einzigartige Gelegenheit ist es, so viele wunderbare Plakate zu sehen. Einige sprachen mich sofort an, andere luden mich zu einem zweiten Blick ein. Einige brachten mich zum Lächeln, andere zum Nachdenken. Einige fesselten meine Augen, andere berührten mein Herz. Und der Geruch von Farbe auf Papier in einem Raum voller Plakate! Respektvolle und konstruktive – manchmal auch leidenschaftliche – Gespräche mit den anderen Jurymitgliedern führten zu diesem vielfältigen und schönen Ergebnis der 100 besten Plakate.

Flávia Nalon

What a unique opportunity it is to be able to look at so many wonderful posters. Some spoke to me immediately; others invited me to take a second look. Some made me smile, others made me think. Some caught my eyes; others touched my heart. And the smell of ink on paper in a room full of posters! Respectful and constructive—sometimes even passionate—conversations with fellow jury members led to the diverse and beautiful result of the 100 best posters.

A jury is only as good as its members, at 100 best posters they are chosen with great care and reflection. As jury members, we are very different in our creative personalities, but we were united at the meetings in our shared laughter and appreciative discussion. Together, we slipped through striking Berlin and walked past numerous posters in the corridors of the Medienhaus at the UdK. We looked at the posters in all possible positions: lying down, hanging, projected and carried past us. We made sure that nobody skimmed over a poster. Together, we discussed, deciphered and admired the care and quality of the design.
The competition is supported by a lot of experience and intuition, held up by helping hands and conscientious organisation. Your posters are in good hands.

Tobias Schererbauer

Eine Jury ist immer nur so gut wie ihre Zusammenstellung, diese geschieht bei 100 beste Plakate mit großer Sorgfalt und Reflexion. Wir als Jurymitglieder sind in unseren gestalterischen Persönlichkeiten sehr unterschiedlich, waren bei den Sitzungen aber vereint – im gemeinsamen Lachen wie in der wertchätzenden Diskussion. Gemeinsam sind wir durch das streikende Berlin geschlittert und durch die Gänge des Medienhauses an der UdK an zahlreichen Plakaten vorbei geschritten. Die Plakate haben wir uns in allen möglichen Lagen angesehen – liegend, hängend, projiziert und vorbeigetragen. Wir haben aufgepasst, dass niemand auch nur über ein Plakat fliegt. Wir haben gemeinsam diskutiert, entschlüsselt und die Sorgfalt und Qualität der Gestaltung bewundert. Der Wettbewerb wird getragen von viel Erfahrung und Gespür, gehalten von helfenden Händen und einer gewissenhaften Organisation. Eure Plakate sind in guten Händen.

Studio LWZ & Sebastian Pataki		Studio LWZ & Michael Wittmann	A
OKTO ist 10 ... OKTO is 10	2015	Spielzeit 23/24 ... 23/24 Season	2023
OKTO TV, A-Wien		Tiroler Landestheater, A-Innsbruck	

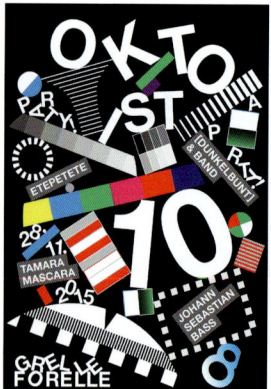 

- Offsetdruck   ■ A1
... Offset
REMA Print, A-Wien

- Offsetdruck   ■ A1
... Offset
Alpina Druck, A-Innsbruck

Plakat für die 10-Jahres-Feier des österreichischen Community-TV-Senders OKTO. OKTO ist etwas skurril und ganz anders als andere österreichische TV-Sender. Der Sender mischt die Medienlandschaft auf, indem er ungewöhnliche oder experimentelle TV-Formate umsetzt. Metaphorisch gesprochen ist OKTO die visuelle Störung, das weiße Rauschen, das Flimmern im Gegensatz zu einem scharfen und klaren Fernsehbild.

Poster for Austrian community TV channel OKTO's 10-year anniversary party. OKTO is somewhat quirky and quite different from other Austrian TV channels. The channel is shaking up the media landscape by implementing unusual and experimental TV formats. Metaphorically speaking, OKTO is the visual interference, the white noise, the flicker in contrast to a crisp and clear television image.

„Es spielen Alle"-Plakat zur Spielzeit 2023/24 für das Tiroler Landestheater und Symphonieorchester Innsbruck. Offenheit und Vielfalt ist das Thema, stilistische und normative Grenzen werden im Text aufgelöst, Rollen- und Perspektivenwechsel passieren auf dem Plakat als Bühne.

"Es spielen Alle" poster for the 2023/24 season of the Tiroler Landestheater and Symphonieorchester Innsbruck. Openness and diversity are the theme, stylistic and normative boundaries are dissolved in the text, changing roles and perspectives happen on the poster as a stage.

| Isabelle Mauchle | Luzern | CH |

| Feministischer Streik | 2023 |
| ... Feminist Strike | |

Feministisches Streikkollektiv,
CH-Luzern

| Mi vida en tránsito | 2023 |
| ... My life in transit | |

caruso + avila, CH-Luzern

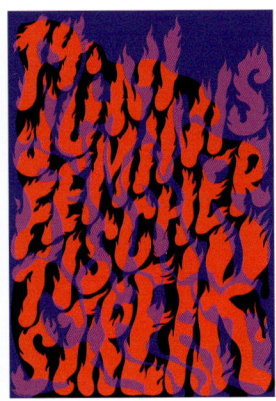

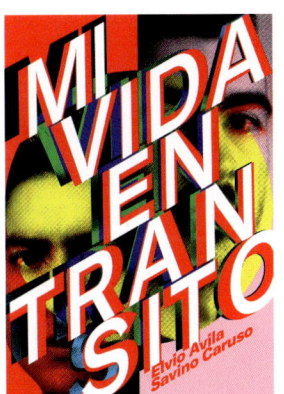

● Siebdruck ■ A1
... Silkscreen
Siebdruck Kollektiv Müscle,
CH-Luzern

● Digitaldruck ■ F4
... Digital
Multireflex, CH-Luzern

Das Plakat wurde für den Feministischen Streik entworfen. Dieser findet in der Schweiz jährlich am 14. Juni statt. Das Plakat ruft dazu auf, feministische Anliegen auf die Straße zu tragen und durch das leidenschaftliche Feuer der Wut allmählich das Patriarchat einzuschmelzen.

The poster was designed for the Feminist Strike, which takes place in Switzerland every year on 14 June. The poster calls for feminist issues to be taken to the streets and for the patriarchy to be gradually melted down through the passionate fire of anger.

Das Plakat wurde für die Performance „Mi vida en tránsito" von Savino Caruso und Elvio Avila entworfen. Die beiden Performenden sind gemeinsam auf der Bühne – Savino real, Elvio digital. Sie sprechen über Verletzbarkeit, Depression und die Frage, was das alles mit ihnen als Männer zu tun hat. Von Isabelle Mauchle stammen außerdem Szenografie & Kostüm-Design.

The poster was designed for the performance "Mi vida en tránsito" by Savino Caruso and Elvio Avila. The two performers are on stage together – Savino in person, Elvio virtually. They talk about vulnerability, depression and the question of what all this has to do with them as men. Isabelle Mauchle is also responsible for the scenography & costume design.

| Flávia Nalon, Fábio Prata | São Paulo/Hamburg | BRA/D |

| ... São Paulo 455 ano | 2009 |
| Senac, BR-São Paulo |

| ... Home | 2017 |
| ... Eigenauftrag |
| ... self-initiated |

● Offsetdruck   ■ 90 × 60 cm
... Offset
Gráfica Matavelli, BR-São Paulo

● Offsetdruck   ■ 100 × 70 cm
... Offset
Gráfica Matavelli, BR-São Paulo

Eine Gruppe von Designer:innen wurde eingeladen, ein Plakat für die Ausstellung „Um cartaz para São Paulo [Ein Plakat für São Paulo]" zum Thema urbane (Un-)Nachhaltigkeit zu entwerfen, eine Mischung aus Feier und Kritik zum 455-jährigen Geburtstag der Stadt.

A group of designers was invited to create a poster for the exhibition Um cartaz para São Paulo [A Poster for São Paulo], under the theme of urban (un)sustainability, in a mixture of celebration and criticism on the city's 455th anniversary.

Das Plakat ist ein selbst initiiertes Projekt, das als Neujahrsgeschenk für Kunden und Freunde entwickelt wurde. Der Text auf dem Verpackungsetikett lautet: „Dies ist mein Zuhause, und auch Ihres. Und das von allen Lebensformen, die wir kennen. Diese grafische Übung erinnert uns daran, wie einzigartig und zerbrechlich dieser Ort ist. In diesem Sinne wünschen wir Ihnen ein neues Jahr des Respekts für alle Lebewesen und der Fürsorge für unseren Planeten – das Zuhause, in dem wir unsere Existenz teilen."

The poster is a self-initiated project, developed as a New Year's gift for clients and friends. The text on the packaging label states, "This is my home, and yours too. And that of all the life forms we know. This graphic exercise reminds us of how unique and fragile this place is. It is with this perspective that we wish you a new year of respect for all living beings and care for our planet – the home in which we share our existence."

| Sandra Doeller | Frankfurt am Main | D |

| ... Public Space I–III | 2023 |
| Portikus, D-Frankfurt am Main | |

Die Sammlung von Maximilian	2023
von Goldschmidt-Rothschild	
... The collection of Maximilian von Goldschmidt-Rothschild	

Museum Angewandte Kunst,
D-Frankfurt am Main

 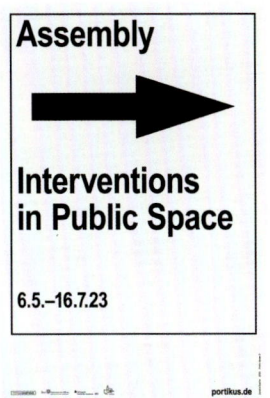 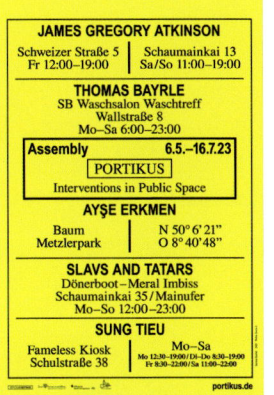 

● Digitaldruck   ■ CLP   ● Offsetdruck   ■ A1
... Digital   ... Offset
Ellerhold AG, D-Radebeul   Flyeralarm, D-Würzburg

Die Plakate zitieren urbane Alltagsgrafik und wurden sowohl als Ankündigung als auch als eigenständiger Beitrag für die Ausstellung „Assembly – Interventions in Public Space" gestaltet. Mit Blick auf drei spezifische CityLight-Stellen in einem Parkhaus erfüllen sie scheinbar verschiedene Funktionen und weisen doch alle auf dasselbe Projekt hin.

The posters quote everyday urban graphics and were designed both as announcements and as an independent contribution to the Assembly – Interventions in Public Space exhibition. Looking at three specific CityLight sites in a multistorey car park, they seem to fulfil different functions and yet all point to the same project.

Die Ausstellung zeichnet die Geschichte der berühmten Kunstsammlung von Maximilian von Goldschmidt-Rothschild nach und präsentiert die jüngsten Ergebnisse der Provenienzforschung des Museums. Neben Leihgaben und Objekten aus dem eigenen Bestand werden restitutionsbedingte Leerstellen als neuer Sammlungstypus eingeführt.

The exhibition traces the history of Maximilian von Goldschmidt-Rothschild's famous art collection and presents the latest results of the museum's provenance research. In addition to loans and objects from the museum's own holdings, restitution-related gaps are introduced as a new type of collection.

| Toan Vu-Huu | Paris | F |

Beflügelt 2023	La diversité du vivant 2023
... Winged	... The diversity of life
Théâtre National Populaire,	Ville de Chaumont, F-Chaumont
F-Villeurbanne	

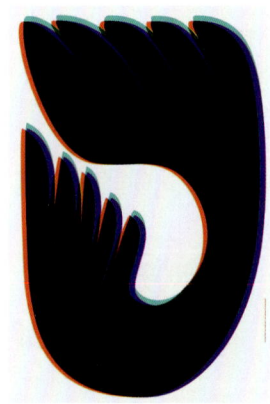 

● Siebdruck ■ 176 × 120 cm	● Siebdruck ■ 176 × 120 cm
... Silkscreen	... Silkscreen
Lézard Graphique, F-Brumath	Lézard Graphique, F-Brumath

Hommage an den französischen Grafik-Designer Jacno.

Tribute to the French graphic designer Jacno.

Saisonplakat für den Kulturbereich der Stadt Chaumont.

Seasonal poster for the cultural department of the town of Chaumont.

Es ist ein magischer Moment, nach zwei Tagen Diskussion, Abwägung, Aussortierung, Rettung und Gruppierung, 100 Plakate in der Aula und den Gängen der UdK zu sehen. Jedes Plakat hat seinen eigenen Klang und wie bei einem musikalischem Ensemble spielen sie am Ende zu einem kraftvollen Ganzen. Die 100 Besten sind ein einzigartiger Wettbewerb, mit einer achtsam zusammengestellten Jury und einer regen Beteiligung aus dem deutschsprachigen Raum. Es war mir eine Freude einen Beitrag leisten zu können. Einen großen Dank für dieses prägende Erlebnis, Dank an alle Teilnehmer:innen – auf viele weitere 100!

Toan Vu-Huu

After two days of discussion, weighing up, sorting out, saving and grouping, it's a magical moment to see 100 posters in the auditorium and corridors of the UdK. Each poster has its own sound and, like a musical ensemble, they play together to form a powerful whole. The 100 best is a unique competition, with a carefully selected jury and lively participation from German-speaking countries. It was a pleasure to be able to contribute. Many thanks for this formative experience, thanks to all participants—here's to many more 100!

It's a bit like a good pizza: delicious sauce, crispy crust, everything fits. Some posters just had that certain extra something with the olive on top. Picking these out was our task over two jury days. Some works found their place in the final selection relatively quickly. Then there were posters that Tobi so aptly called "growers." They may not have been immediately convincing at first, but they revealed subtle nuances and deeper levels through longer and repeated viewing. Our selection of the 100 best posters 2023 represents an outstanding body of poster art that includes many more works beyond the number 100. The great quality of this competition lies in its emphasis on diversity. And what the exhibition of the 100 best can definitely do is whet one's appetite: An appetite for design, an appetite for experimentation and, in general, an appetite for pizza. With and without olives.

Isabelle Mauchle

Es ist ein bisschen wie bei einer guten Pizza: Sugo lecker, Boden knusprig, alles passt. Einige Plakate hatten eben einfach noch das gewisse Extra mit der Olive obendrauf. Diese zu picken war dann während zwei Jurytagen unsere Aufgabe.

Einige Arbeiten fanden relativ schnell ihren Platz in der Endauswahl. Es gab auch die von Tobi so treffend als ‚grower' bezeichneten Plakate. Diese konnten anfänglich vielleicht nicht sofort überzeugen, wiesen jedoch durch längeres und wiederholtes Betrachten subtile Nuancen und tiefere Ebenen auf. Die von uns getroffene Auswahl der 100 besten Plakate 2023 repräsentiert ein herausragendes Plakatschaffen, zu welchem über die Zahl 100 hinaus noch viele Arbeiten mehr gehören. Die große Qualität dieses Wettbewerbs liegt in der Betonung der Vielfalt. Und was die Ausstellung der 100 Besten definitiv kann, ist Lust zu machen. Lust auf Gestaltung, Lust auf Versuche und ganz allgemein Lust auf Pizza. Mit und ohne Oliven.

Die Jurysitzung zeigt eindrucksvoll, wie viele gute Plakate in Deutschland, Österreich und der Schweiz entstehen. Die Qualität der Einreichungen war sehr hoch und es freut mich, dass neben den Arbeiten etablierter Gestalter:innen auch Plakate von Studierenden ausgezeichnet wurden.

Vor allem bei Plakaten aus der Schweiz fiel auf, dass auch der Druckqualität ein hoher Stellenwert beigemessen wird. So zeigt sich im direkten Gegenüber mit den oft im Siebdruck realisierten Plakaten noch einmal eine andere Präsenz als am Screen. Gleichzeitig demonstriert eine ganze Reihe an rein schwarz-weiß gestalteten Plakaten, dass sich auch mit einfachen Mitteln wirkungsvolle Plakate gestalten lassen. Außerdem gab es eine hohe Einreichungsdichte an Kulturplakaten – und das ist gut so. Angesichts der fortschreitenden Kommerzialisierung des öffentlichen Raums und der Digitalisierung analoger Flächen spielt der Wettbewerb eine zentrale Rolle in der Förderung des herausragend gestalteten gedruckten Plakats.

Sandra Doeller

The jury session impressively showed how many good posters are being created in Germany, Austria and Switzerland. The quality of the submissions was very high and I am delighted that, in addition to the work of established designers, posters by students were also honoured.

Particularly in the case of posters from Switzerland, it was noticeable that print quality is also of great importance. The direct juxtaposition with the printed posters, many silkscreen prints, reveals a different presence than on the screen. At the same time, a whole series of posters designed solely in black and white demonstrate that effective posters can also be created using simple means.

There was also a high density of cultural posters submitted and that is a good thing. In view of the increasing commercialisation of public space and the digitalisation of analogue surfaces, the competition plays a central role in promoting outstandingly designed printed posters.

Flávia Nalon studierte Architektur an der Universität von São Paulo in Brasilien und Kommunikations-Design an der Fachhochschule Mainz in Deutschland. Im Jahr 2003 gründete sie zusammen mit Fábio Prata ps.2 arquitetura + design in São Paulo. Das Studio arbeitet in den Bereichen Print und Digital an visuellen Identitäten, Wayfinding, Editorial und Websites, hauptsächlich für Kund:innen aus dem Kulturbereich.

ps.2 hat über 100 nationale und internationale Preise erhalten, darunter den deutschen „best of the best" red dot award, Auszeichnungen des TDC in New York und Tokio, und wurde zweimal zum „Studio des Jahres" bei den Latin American Design Awards gewählt, dem wichtigsten Grafik-Design-Preis in Lateinamerika. Die Arbeiten des Studios wurden weltweit veröffentlicht und ausgestellt, darunter in Deutschland, England, Frankreich, den Niederlanden, USA, Mexiko und Japan.

Flávia unterrichtet und hält Vorträge und Workshops für Student:innen und Fachleute in Brasilien und im Ausland und ist Mitglied der AGI – Alliance Graphique Internationale. Seit 2021 lebt und arbeitet sie in Deutschland und unterstützt weltweit Kund:innen aus dem Kultursektor und anderen Bereichen.

BRA-São Paulo/ D-Hamburg

Isabelle Mauchle studierte Textil-Design an der HSLU Design & Kunst, absolvierte die Ausbildung zur Typografischen Gestalterin an der BfG Zürich und arbeitet seit 2010 selbständig. Für ihre Arbeiten gewann sie mehrere Auszeichnungen, eine Auswahl ihrer Plakate wurde in das Archiv des Museums für Gestaltung Zürich aufgenommen. Neben ihrer Tätigkeit als Grafik-Designerin arbeitet sie als Szenografin, Kostüm-Designerin, Mitautorin und Performerin in der freien Theaterszene. Ihr aktivistisches Engagement sowie die Integration von Care-Arbeit in ihr berufliches Umfeld sind für sie von zentraler Bedeutung, um eine inklusivere Arbeitswelt voranzutreiben.

CH-Luzern

Sandra Doeller ist Grafik-Designerin mit Schwerpunkt auf Plakat-, Buch- und Ausstellungsgestaltung im Kunst- und Kulturbereich und gründete 2013 das Bureau Sandra Doeller in Frankfurt am Main. Sie lehrt regelmäßig Typografie und Editorial Design an verschiedenen Hochschulen und vertritt aktuell die Professur für Corporate Design an der Hochschule Mainz. Sandra Doeller ist Mitinitiatorin von „Grafikdesign Denken Sprechen", einer Plattform zur interdisziplinären Reflexion von Grafikdesign an der Schnittstelle von angewandter und freier Kunst. Ihre Arbeiten wurden mehrfach ausgezeichnet und international ausgestellt, unter anderem auf dem Antwerp Poster Festival, dem Graphic Design Festival Scotland und der International Poster Biennial in Mexico.

D-Frankfurt am Main

Flávia Nalon studied architecture at the University of São Paulo in Brazil and communication design at the University of Applied Sciences Mainz in Germany. In 2003, she founded ps.2 arquitetura + design in São Paulo together with Fábio Prata. The studio works with print and digital on visual identities, wayfinding, editorial and websites, mainly for clients within the cultural field.

ps.2 has received over 100 national and international prizes, including the German "best of the best" red dot award and TDC New York and Tokyo awards, and was twice named "studio of the year" by the Latin American Design Awards, the most relevant graphic design award in Latin America. The studio has been published and exhibited worldwide, in countries such as Germany, England, France, The Netherlands, USA, Mexico and Japan.

Flávia teaches and holds lectures and workshops for students and professionals in Brazil and abroad and is a member of the AGI – Alliance Graphique Internationale. She has lived and worked in Germany since 2021 and supports clients from the cultural and other sectors worldwide.

Isabelle Mauchle studied textile design at the HSLU Design & Art, trained as a typographic designer at the BfG Zurich and has been working independently since 2010. She has won several awards for her work and a selection of her posters has been included in the archive of the Museum für Gestaltung Zürich. In addition to her work as a graphic designer, she also works as a scenographer, costume designer, co-author and performer in the independent theatre scene. Her activism and the integration of care work into her professional environment are of central importance to her in promoting a more inclusive world of work.

Sandra Doeller is a graphic designer specialising in poster, book and exhibition design in the art and culture sector and founded Bureau Sandra Doeller in Frankfurt am Main in 2013. She regularly teaches typography and editorial design at various universities, currently as an interim professor for corporate design at Mainz University of Applied Sciences. Sandra Doeller is co-initiator of Grafikdesign Denken Sprechen, a platform for interdisciplinary reflection on graphic design at the interface of applied and fine arts. Her work has won several awards and been exhibited internationally, including at the Antwerp Poster Festival, the Graphic Design Festival Scotland and the International Poster Biennial in Mexico.

F-Paris

Toan Vu-Huu ist in Deutschland geboren und aufgewachsen, wo er sein Studium an der Fachhochschule Darmstadt, Fachbereich Design, abschloss. Er arbeitete fünf Jahre im Designstudio Intégral Ruedi Baur und Partner und war dort für Projekte wie den Flughafen Köln-Bonn und La Cinémathèque Française verantwortlich. Im Jahr 2005 gründete er sein eigenes Designstudio und übernahm einen Lehrauftrag für Typografie, visuelle Identität und Editorial Design an der EnsAD (Nationale Hochschule für angewandte Kunst) Paris. Im Jahr 2008 gründete er zusammen mit André Baldinger das Studio baldinger•vu-huu, das ein breites Spektrum an Design abdeckt: Schriftdesign, visuelle Identität, Leitsysteme, Websites, Film, Animation, Ausstellungen, Editorial- und Plakatdesign. Das Studio konzentriert sich hauptsächlich auf den kulturellen und öffentlichen Raum. Im Jahr 2022 präsentierten sie eine neue visuelle Identität und eine eigene Schrift für die Stadt Chaumont, die offiziell zur Stadt des Grafikdesigns ernannt wurde. baldinger•vu-huu betreibt auch eine eigene Type Foundry unter dem Namen BVH Type.

Seit 2019 ist Toan Vu-Huu Mitglied der AGI – Alliance Graphique Internationale.

Toan Vu-Huu was born and raised in Germany where he graduated from the University of Applied Sciences Darmstadt – Faculty of Design. He worked for five years at the design studio Intégral Ruedi Baur and associates where he was responsible for projects such as the Cologne-Bonn Airport and La Cinémathèque Française. In 2005 he started his own design studio and took up teaching typography, visual identity and editorial design at EnsAD (National School for higher studies of applied arts, Paris). In 2008 he formed the studio baldinger•vu-huu in partnership with André Baldinger, which spans a wide range of design: type design, visual identity, signage systems, web sites, film, animation, exhibitions, editorial and poster design. The studio focuses mainly on culture and public space. In 2022 they unveiled a new visual identity and a custom typeface for the city of Chaumont, which officially became the city of graphic design. baldinger•vu-huu also run their own type foundry under the name BVH Type.

Since 2019, Toan Vu-Huu has been a member of AGI – Alliance Graphique Internationale.

A-Wien;-)

Tobias Schererbauer, geboren 1984, ist ein österreichischer Grafik-Designer. 2004–2009 studierte er MultiMedia-Art in Salzburg mit Schwerpunkt Grafik & Fotografie. Seit 2010 unterrichtet er Typografie, Corporate Design & Kommunikations-Design in Linz und Wien. 2014 Gründung des Design & Animation Studios LWZ. Er lebt mit Lisa, Franz & Fiete in Wien.

Tobias Schererbauer, born in 1984, is an Austrian graphic designer. From 2004 to 2009 he studied multimedia art in Salzburg, specialising in graphic design and photography. Since 2010 he has been teaching typography, corporate and communication design in Linz and Vienna. He founded the Design & Animation Studio LWZ in 2014. He lives with Lisa, Franz and Fiete in Vienna.

Flávia Nalon
ps.2 arquitetura + design
Rua Carla 10
BR-04531-070 São Paulo
Jürgen-Töpfer-Straße 26
D-22763 Hamburg
+49-151-72156323
flavianalon@ps2.com.br
ps2.com.br
@ps2design
@flavianalon

Sandra Doeller
Bureau Sandra Doeller
Lindleystraße 5
D-60314 Frankfurt am Main
info@sandradoeller.com
sandradoeller.com
@bureausandradoeller

Toan Vu-Huu
baldinger•vu-huu
Atelier de conception
graphique et
typographique
41 rue des Panoyaux
F-75020 Paris
+33-9-52535633
toan@baldingervuhuu.com
baldingervuhuu.com
bvhtype.com
@baldinger_vu_huu
@bvhtype

Tobias Schererbauer
LWZ Design & Animation
Kranzgasse 18/8
A-1150 Wien
+43-19-414438
tobias@lwz.studio
lwz.studio
@wearelwz

Isabelle Mauchle
Zähringerstrasse 13
CH-6003 Luzern
+41-79-6583274
grafik@isabellemauchle.ch
isabellemauchle.ch
@isabellemauchle

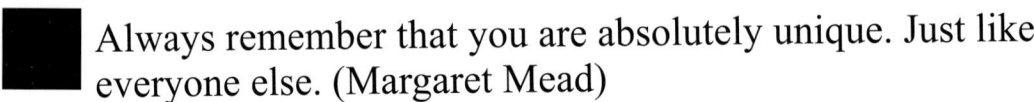 Always remember that you are absolutely unique. Just like everyone else. (Margaret Mead)

BIGGER YOU

Denke immer daran, dass du absolut einzigartig bist. So wie jeder andere. (Margaret Mead)

Alle Plakatgestalter, Auftraggeber und Druckereien eint das Interesse am gut gestalteten, kommunikativ relevanten Plakat. Der 100 Beste Plakate e. V. verfolgt das Ziel, das Plakat als künstlerisches Medium zu fördern und fortzuentwickeln.

Werden auch Sie Mitglied des Vereins und tragen so zu der jährlichen Diskussion um die 100 besten Plakate aktiv bei! Die Mitglieder kommen aus den drei Ländern, für die der Wettbewerb jährlich ausgeschrieben wird. Sie wählen den Vorstand, der renommierte Grafik-Designer:innen und Design-Theoretiker:innen für die Mitwirkung in der jährlich wechselnden internationalen Jury gewinnt. Er verpflichtet namhafte Gestalter:innen und Autor:innen für das Jahrbuch. Durch die engagierte Arbeit ist es dem Verein in den letzten Jahren gelungen, den Wettbewerb zu einem Qualitätsmaßstab für gute Gestaltung zu machen. Die Wettbewerbsergebnisse werden jedes Jahr mit einer Wanderausstellung in Deutschland, Österreich und der Schweiz sowie an weiteren Orten präsentiert und im Jahrbuch „100 beste Plakate" veröffentlicht – aktuell zum ersten Mal in Zusammenarbeit mit Slanted Publishers.

Die Ausstellungsplanung des Jahrgangs 100BP23 umfasst Berlin, Essen, St.Gallen, Luzern, Seoul, Wien, Lausanne, Zürich, Bern, Genf, Seoul, Chișinău und Timișoara. Ergänzend zu den angestammten Stationen wurden einzelne Jahres-Ausstellungen in Ingolstadt, Bremen, Halle (Saale), China, Malaysia, Japan, Frankreich, Tschechien, der Jahrgang 100 beste Plakate 20 auch in Oldenburg und Innsbruck, 100 beste Plakate 22 bereits im sechsten Jahrgang in Seoul sowie erneut in Moldau und Rumänien gezeigt. Daneben gab es erstmals eine Präsentation im öffentlichen Raum von Ljubljana.

Seit 2004 werden alle Jahrgänge im Deutschen Plakat Museum Essen im Museum Folkwang sowie im MAK – Museum für angewandte Kunst Wien archiviert. Zusätzlich gehen Plakate in die Sammlungen in Cottbus und Berlin ein.

Der Vorstand hat im Laufe der zurückliegenden Jahre intensiv an der weiteren Publizität des Wettbewerbs gearbeitet. Das seit zehn Jahren bestehende such- und filterfähige Abbildungsarchiv aller seit dem Jahrgang 01 prämierten Plakate bildet die Basis des jüngst überarbeiteten Internet-Auftritts mit umfangreichen Informationen zur Geschichte und den Neuigkeiten rund um die 100 besten Plakate. Diese beeindruckende Zusammenschau aktuellen Plakat-Designs steht – ganz im Sinne der satzungsgemäßen Aufgabe des Vereins zur Förderung der Plakat-Kultur und seiner Gemeinnützigkeit – der Öffentlichkeit unentgeltlich zur Verfügung.

Zum 20-jährigen Jubiläum des Wettbewerbs entstand eine filmische Dokumentation mit zahlreichen Statements, Ausstellungsimpressionen, Plakaten und Elementen verschiedener Jahrgangs-Designs – weiterhin zu finden auf unseren YouTube- und Vimeo-Accounts.

Der 100 Beste Plakate e. V. sieht es als eine seiner wichtigsten Aufgaben an, junges Grafik-Design zu fördern, und wir arbeiten intensiv daran, mehr Gestalterinnen und Gestalter aus Österreich für eine Teilnahme am Wettbewerb zu gewinnen.

Unterstützen Sie mit Ihrer Mitgliedschaft diesen Wettbewerb, helfen Sie dadurch, ihn auf eine breite Basis zu stellen und seine Wirkung zu erhöhen. Der Jahresbeitrag beträgt 250 € für natürliche Personen und ab 500 € für juristische Personen (Firmen). Dafür erhalten Sie einen Rabatt von 50 % auf die Einreichungsgebühr sowie – auch wenn keine Teilnahme am Wettbewerb erfolgt – das Jahrbuch gratis. Wir planen, den Wettbewerb um die 100 besten Plakate des Jahres 2024 zum Jahresende wie üblich auszuschreiben.

Einzelheiten zur neuen Ausschreibung und zu einer Mitgliedschaft erfahren Sie auf der Website 100-beste-plakate.de

. . .

We hope to welcome you as a new member for the coming contest year, or as a submitter of outstanding posters. Either way, we are looking forward to your active participation.

All poster artists, clients and printing houses are united by an interest in well-designed, communicatively relevant posters. The objective of the 100 Beste Plakate association is to promote and develop the poster as an artistic medium.

Become a member of the association, too, so you can actively contribute to the annual debate on the 100 best posters. Our members reside in the three countries for which the competition is annually announced. They elect the committee, which retains renowned graphic designers and design theorists to be part of the annually changing, international jury. It engages well-known designers and authors for the yearbook. With its dedicated work in recent years, the association has made the competition a quality standard for good design. The contest results are presented each year in a travelling exhibition in Germany, Austria and Switzerland and other locations and published in the annual 100 best posters—this year and for the first time in collaboration with Slanted Publishers.

This year's 100BP23 exhibition is scheduled to visit Berlin, Essen, St.Gallen, Lucerne, Vienna, Lausanne, Zurich, Bern, Geneva, Seoul, Chișinău and Timișoara.

In addition to these regular stops, annual exhibitions have been shown in Ingolstadt, Bremen, Halle (Saale), China, Malaysia, Japan, France, Czechia, the 100 best posters of 2020 also in Oldenburg, Innsbruck, and 100 best posters 22 for the sixth time in Seoul and again in Moldova and Romania. There was also a presentation in Ljubljana's public space for the first time.

The Deutsches Plakatmuseum Essen at the Museum Folkwang and the MAK Museum für angewandte Kunst Vienna have archived all of the annual results since 2004. In addition, selected posters are included in the collections in Cottbus and Berlin.

In recent years, the committee has worked hard to further publicize the competition. The searchable and filterable image archive of all posters that have been awarded prizes since the year 01 forms the basis of the recently revised website with extensive information on the history and news relating to the 100 best posters. This impressive synopsis of current poster design is available free of charge to the public in keeping with the statutory mission of the association to advance poster culture and its benefits to the public.

A film documentary for the contest's 20th anniversary with numerous statements, exhibition impressions, posters and elements of various year's designs you can view on our YouTube and Vimeo accounts.

The 100 Beste Plakate association considers the promotion of young graphic design one of its most important tasks and we are working hard to win over more designers from Austria to take part in the competition.

Support this competition with your membership and, in doing so, help us to place it on a broad foundation and enhance its impact. The annual fee is €250 for natural persons and starts at €500 for legal entities (companies). In return, members receive a 50% discount on the entry fee and—even if you do not enter the contest—a free copy of the yearbook. We plan to announce the competition for the 100 best posters of 2024 at the end of the year as usual.

For more details about the next call for entries and about membership, please see the website 100-beste-plakate.de.

Fons Hickmann

Wir hoffen, Sie sind im kommenden Wettbewerbsjahr als neues Mitglied mit dabei, oder als Einreicher:in von herausragenden Plakaten. In jedem Fall freuen wir uns auf Ihre aktive Teilnahme.

THIS IS ME

2xGoldstein ■
... Andrew Goldstein
... Jeffrey Goldstein
... Joshua Kaiss
... Erik Schöfer
Am Hang 26
D-76287 Rheinstetten
+49-176-98891384
mail@2xgoldstein.de
2xgoldstein.de
@2xGoldstein
.11/100

... Lukas Ackermann
▷ Badesaison

... Pirmin Adolphi ■
Böblinger Straße 27a
D-70178 Stuttgart
pirmin.adolphi@uvpk.de
@pirminadolphi
.79/100

Niklas Apfel ■
D-10967 Berlin
hello@niklasapfel.com
niklasapfel.com
@apfelniklas
.88/100

Ariane Spanier Design ■
... Ariane Spanier
Oranienstraße 22
D-10999 Berlin
+49-30-44033923
mail@arianespanier.com
arianespanier.com
@arianespanier
.87/100

... Tiziana Artemisio
▷ Herendi Artemisio

babyinktwice ■
... Dafi Kühne
Mühlhäusern 2
CH-8752 Näfels
+41-79-5452102
hello@babyinktwice.ch
babyinktwice.ch
@dafikuhne
.61/100

Badesaison ■ ■
... Lukas Ackermann
Stauffacherstrasse 143
CH-8004 Zürich
+41-79-6505615
post@badesaison.ch
badesaison.ch
@badesaison
.48/100
.64/100

... Tim Ballaschke ■
Kleehof 2
D-24589 Borgdorf
+49-176-47393996
tim.bschke@gmail.com
@ttimmba
.37/100

... Julian Bauer
▷ Tristesse

... Sabrina Baumann
▷ strobo B M

... Janice Beck ■
Klingelbergstrasse 87
CH-4056 Basel
+41-76-2616382
janice.beck@students.
fhnw.ch
@jahahanice
.42/100

bergerberg ■
... Elia Salvisberg
Habsburgerstrasse 37
CH-6003 Luzern
+41-79-7336980
elia@bergerberg.ch
bergerberg.ch
@bergerberg.ch
.95/100

... Nicolas Bernklau
▷ Bureau Bernklau

... Alessio Borando ■
Schlossgasse 4
CH-9243 Jonschwil
+41-79-7838891
alessioborando@gmail.com
behance.net/alessioborando
@alessioborando
.53/100

Antoine Brack
▷ Studio LA

... Gregor Brändli
▷ Tristesse

Erich Brechbühl [Mixer] ■
Löwenplatz 5
CH-6004 Luzern
+41-79-7833663
erich@mixer.ch
mixer.ch
@erichbrechbuhl
..8/100
.85/100

... Laurenz Brunner
▷ Studio Laurenz
   Brunner

... Anna Bühler
▷ Neue Gestaltung

Bureau Bernklau ■
... Nicolas Bernklau
Burgstrasse 45
CH-9000 St.Gallen
+41-76-7206573
bureau@nicolasbernklau.de
nicolasbernklau.de
@nicolasbernklau
.41/100

Bureau Progressiv ■
... Benjamin Kivikoski
... Philipp Staege
Silberburgstraße 70A
D-70176 Stuttgart
+49-176-44711105
mail@bureau-progressiv.com
bureau-progressiv.com
@bureauprogressiv
.51/100

... Patrizia Bürkli
▷ Studio Mucho Gusto

Büro Sequenz ■
... Corina Gälli
... Sascha Tittmann
Schillerstrasse 1
CH-9000 St.Gallen
+41-71-5346781
team@sequenz.net
sequenz.net
@burosequenz
.13/100

Cécile+Roger ■
... Roger Gaillard
... Cécile Nanjoud
Clos de la Fonderie 13
CH-1227 Carouge
+41-77-4657866
info@cecile-roger.com
cecile-roger.com
@cecileetroger
..9/100

Claudiabasel ■ ■ ■ ■ ■ ■ ■
... Adriano Diethelm
... Nevin Goetschmann
... Jiri Oplatek
Allschwilerstrasse 48
CH-4055 Basel
+41-61-2836000
info@claudiabasel.ch
claudiabasel.ch
@nvvvn__g
@jiri_oplatek
.23/100
.35/100
.43/100
.50/100
.73/100
.82/100
.83/100

... Marie Cuennet
▷ Studio Marie Cuennet

... Florian Debour
    Geppert
▷ nathow & geppert

... Adriano Diethelm
▷ Claudiabasel

Distaff Studio ■
... Sarah Fricke
... Lea Sievertsen
... Pawel Wolowitsch
Zionskrichstraße 16
D-10119 Berlin
+49-151-23576050
hi@distaff.studio
distaff.studio
@distaff.studio
.19/100

Enen studio ■
... Emilie Excoffier
... Manon Schaefer
Route de la Fonderie 7
CH-1700 Freiburg
+41-79-5612470
info@enenstudio.ch
enenstudio.ch
@enenstudio.ch
.94/100

... Xavier Erni
▷ Neo Neo

... Emilie Excoffier
▷ Enen studio

Fons Hickmann M23 ■ ■ ■
... Prof. Fons Hickmann
... Raúl Kokott
... Bjœrn Wolf
Wilhelm-Busch-Straße 18a
D-12043 Berlin
+49-30-69518501
fons@fonshickmann.com
m23.de
@fons_hickmann_m23
.22/100
.54/100
.81/100

... Dario Forlin ■
Schützenmattstrasse 12
CH-3012 Bern
+41-79-2803272
mail@darioforlin.ch
darioforlin.ch
@darioforlin
.99/100

... Sarah Fricke
▷ Distaff Studio

... Matthias Friederich
▷ strobo B M

... Niclas Funk ■
Belvederestrasse 31d
CH-5621 Zufikon
+41-78-6402088
niclas.funk@zhdk.ch
niclasfunk.hiphop
@funkstille
.47/100

... Roger Gaillard
▷ Cécile+Roger

... Barbara Galizia ■
Idastraße 37c
D-04315 Leipzig
+49-176-88436183
barbaragalizia@hotmail.com
barbara.ch
@barbaragalizia
.84/100

... Corina Gälli
▷ Büro Sequenz

... Dennis Gärtner
▷ ZEBU

... Daniel Gascón
    Kovács
Rittergasse 6
A-1040 Wien
+43-660-1573977
mail@danielgascon.at
@fantaniel
.32/100

... Linus Geiss ■
Silberburgstraße 51
D-70176 Stuttgart
@linusgeiss
.39/100

... Viktoria Gerus ■
Im Rosengarten 8
D-56593 Pleckhausen
+49-160-95712357
viktoriagerus14.vvg
@gmail.com
@ver_.v
.90/100

gggrafik ■ ■ ■
... Götz Gramlich
Im Weiher 10
D-69121 Heidelberg
+49-6221-8901656
gg@gggrafik.de
gggrafik.de
@instagggramlich
.27/100
.45/100
.56/100

... Nevin Goetschmann
▷ Claudiabasel
... Andrew Goldstein
▷ 2xGoldstein
... Jeffrey Goldstein
▷ 2xGoldstein
... Ira Göller
D-04315 Leipzig
mail@iragoeller.de
iragoeller.de
@iragoeller
.96/100

... Vanja Golubovic
▷ Onlab
... Götz Gramlich
▷ gggrafik
... Anna Haas
▷ Studio Anna Haas

Hammer ■
... Jana Hofmann
... Sereina Rothenberger
... David Schatz
Hermetschloostrasse 77
CH-8048 Zürich
+41-43-3330488
hello@hammer.to
hammer.to
@hammer__
.60/100

... Martin „Fuzzy" ■
   Härtlein
Rathenauplan 27
D-38440 Wolfsburg
fuzzy@fuzzyfusion.de
fuzzyfusion.de
@martin_haertlein
.49/100

... Prof. Dr. Jianping He
▷ hesign International
... Milana Herendi
▷ Herendi Artemisio

Herendi Artemisio
... Tiziana Artemisio
... Milana Herendi
Eglistrasse 8
CH-8004 Zürich
+41-78-4108534
info@herendiartemisio.ch
herendiartemisio.ch
@herendiartemisio
.82/100

hesign International ■ ■
... Prof. Dr. Jianping He
Unter den Eichen 101
D-12203 Berlin
+49-30-82096383
viva@hesign.com
hesign.com
@hesign.international
.28/100
.29/100

... Sebastian Heß ■
Lindenspürstraße 30
D-70176 Stuttgart
+49-176-64152662
sebastian-felix@web.de
@_sebastianhess
.79/100

... Prof. Fons Hickmann
▷ Fons Hickmann M23
... Thuy-An Hoang
▷ Neo Neo
... Christian Hofer
▷ HOMI
... Lukas Hoffmann ■
Schubertstraße 38
A-4020 Linz
+49-178-5236654
info@lukas-hoffmann.net
kasparlukas.net
@_ksparluks
.31/100

... Jana Hofmann
▷ Hammer

HOMI ■ ■
... Christian Hofer
... Lea Michel
Elsässerstrasse 138
CH-4056 Basel
Geroldstrasse 31/33
CH-8005 Zürich
+41-79-9152537
contact@ho-mi.ch
ho-mi.ch
@_h_o_m_i
.71/100
.77/100

... Olivia Hubli
▷ Studio Mucho Gusto
... Lorenz Fidel
   Huchthausen
▷ Smile Initial Plus
... Matthieu Huegi
▷ Onlab
... Jonas Huhn ■
D-Berlin
+49-157-73401927
info@jonashuhn.de
jonashuhn.de
@yung_huhn
.16/100

... Melchior Imboden ■
Eggertsbiel 1
CH-6374 Buochs
+41-79-4023892
mail@melchiorimboden.ch
melchiorimboden.ch
@melchiorimboden
.65/100

... Marc Iselin ■
CH-Rapperswil/Zürich
marctimo.iselin@gmx.ch
marciselin.com
@mark.izelin
.47/100

... Simon Jodry
▷ SUPERO

Johnson / Kingston ■ ■
... Michael Kryenbühl
... Ivan Weiss
Bernstrasse 2
CH-6003 Luzern
+41-79-2714419
info@johnsonkingston.ch
johnsonkingston.ch
@johnson__kingston
..6/100
.82/100

... Anja Kaiser ■
Kochstraße 113
D-04277 Leipzig
+49-170-2132454
aeni.kaiser@googlemail.com
anjakaiser.info
@aeni.kaiser
..5/100

... Joshua Kaiss
▷ 2xGoldstein
... Gabriela Kapfer
▷ Smile Initial Plus
... Dominik Keller ■
Marienstraße 25
D-10117 Berlin
+49-151-15503153
info@dominikkeller.de
dominikkeller.de
@dominikkeller_of
.16/100

... Philip Kerschbaum
▷ Modo
... Annika Kiefer ■
D-Berlin
hello@annikakiefer.de
@annika__kiefer
.96/100

... Dabin Kim ■
D-Fellbach
@dab_.nk_.m
.67/100

... Jakob Kirch
▷ Lamm & Kirch
... Benjamin Kivikoski
▷ Bureau Progressiv
... Marinus Klinksik ■
Jessenstraße 14
D-22767 Hamburg
+49-176-64728684
marinusklinksik@gmail.com
marinusklinksik.de
@marinus.k
.30/100

... Raúl Kokott
▷ Fons Hickmann M23

... Jonathan Körner ■
Herderstraße 58
D-70193 Stuttgart
+49-176-21428661
jonathan_koerner@web.de
jonathankoerner.de
@jon.koerner
.21/100

... Sophia Krasomil
▷ Shortnotice Studio
... Michael Kryenbühl
▷ Johnson / Kingston
... Johannes Kuhn ■
D-22767 Hamburg
+49-152-31931551
jo@yvjo.de
johanneskuhn.de
@jooyvjo
.41/100

... Dafi Kühne
▷ babyinktwice
... Florian Lamm
▷ Lamm & Kirch

Lamm & Kirch ■ ■
... Jakob Kirch
... Florian Lamm
▽ Max-Beckmann-
Straße 5, D-04109 Leipzig
+49-179-7016771
jakob@lamm-kirch.com
▽ c/o Studio 44
Glasower Straße 44-47
D-12051 Berlin
+49-163-4626444
florian@lamm-kirch.com
lamm-kirch.com
@lammkirch
@florian.lamm
.26/100
.40/100

... Dirk Laucke
▷ Laucke Siebein

Laucke Siebein ■
... Dirk Laucke
... Prof. Johanna Siebein
▽ Bismarckstraße 64
D-63065 Offenbach am Main
+49-1577-3963632
▽ Haparandadam 7 C1
1013-AK Amsterdam
Niederlande
+31-6-24273551
mail@studio-laucke-
siebein.com
studio-laucke-siebein.com
@studiolauckesiebein
.15/100

... Lynn Lehmann
▷ ZEBU
... Mathias Lempart
▷ Shortnotice Studio
... Annina Linggi ■ ■
Mauerrain 1
CH-3012 Bern
+41-78-7548585
anninalinggi@outlook.com
@annina_denktnicht
.46/100
.58/100

... Alexey Malygin ■
Zollikoferstraße 7
D-04315 Leipzig
+49-177-8626959
alexey.mlgn@gmail.com
.84/100

... Lukas Marstaller ■
Obentrautstraße 71, Atelier EG links
D-10963 Berlin
+49-176-86272011
mail@lukasmarstaller.com
lukasmarstaller.com
@lukasmarstaller
.98/100

... Kai Damian ■
Matthiesen
Schosshalden Strasse 24
CH-3006 Bern
+44-79-38611380
info@kai-matthiesen.com
kai-matthiesen.com
@kai_matthiesen
.25/100

Maximage ■
Rue Fendt 10
CH-1201 Genf
+41-22-9104748
maxi@maximage.biz
maximage.biz
@maximage_societe_suisse
.80/100

... Jakob Mayr ■
Kirchstetterngasse
50a, 8-9,
A-1160 Wien
+43-676-4273714
hallo@jakobmayr.com
jakobmayr.com
@m___ja____
.36/100

... Kleon Medugorac
▷ Pank

... Johanna Mehner ■
Asbachstraße 44
D-99423 Weimar
+49-174-6020878
mehnerjohanna97@gmail.com
@_hannara_
.63/100

... Maximilian Messer ■
Holbeinweg 15d
D-70192 Stuttgart
+49-163-6276603
maximilian-messer@web.de
@messermaxi
.21/100

... Lea Michel
▷ HOMI

Modo ■
... Philip Kerschbaum
... Pia Niebling
Konkordiastrasse 23
CH-9000 St.Gallen
+41-71-2224990
hallo@modo-studio.ch
modo-studio.ch
@hallomodo
.70/100

... Cécile Nanjoud
▷ Cécile Roger

... Johannes Nathow
▷ nathow & geppert
nathow & geppert
... Florian Debour-Geppert
... Johannes Nathow
Roonstraße 12b
D-33615 Bielefeld
+49-177-1751236
nathow@ng-gestaltung.de
geppert@ng-gestaltung.de
ng-gestaltung.de
@nathow_und_geppert
.55/100

Neo Neo ■ ■
... Xavier Erni
... Thuy-An Hoang
... Estelle Piguet
Clos de la Fonderie 7
CH-1227 Carouge
+41-79-5322054
contact@neoneo.ch
neoneo.ch
@neoneo.ch
.86/100
.92/100

Neue Gestaltung ■ ■
... Anna Bühler
... Nina Odzinieks
... Pit Stenkhoff
Schlegelstraße 27
D-10115 Berlin
+49-30-2250780
contact@neuegestaltung.de
neuegestaltung.de
@neuegestaltung
.44/100
.72/100

... Pia Niebling
▷ Modo
... Moritz Oberberger
Ingenieur Jakoba
Mulderplein 72
NL-1018 MZ Amsterdam
+31-6-19026071
hello@moriz.work
moriz.work
@morizoberberger
.48/100

... Nina Odzinieks
▷ Neue Gestaltung

Onlab ■
... Vanja Golubovic
... Matthieu Huegi
... Thibaud Tissot
Vieux-Grenadiers 8
CH-1205 Genf
+41-22-5255822
info@onlab.ch
onlab.ch @onlabstudio
.24/100

... Jiri Oplatek
▷ Claudiabasel

... Ossian Osborne ■
Burgplatz 3
D-99423 Weimar
+49-151-40711643
info@ossianosborne.de
ossianosborne.xyz
@osborne_ossian
.63/100

... Verena Panholzer
▷ Studio Es

Pank ■
... Kleon Medugorac
... Paula Troxler
Rautistrasse 30
CH-8047 Zürich
+41-76-2033554
mail@pank.ch
pank.ch
@pank_ch
.49/100

... Samuel Perroud
▷ SUPERO
... Daniel Peter
▷ Studio Daniel Peter
... Felix Pfäffli
▷ Studio Feixen
... Estelle Piguet
▷ Neo Neo

... Prof. Tania Prill ■
Sihlfeldstrasse 154
CH-8004 Zürich
+41-76-5754984
mail@taniaprill.com
taniaprill.com
@taniaprill
.82/100

... Pascal Putschka ■
Charlottenstraße 19
D-90443 Nürnberg
+49-1522-4428740
centreduciel@gmail.com
@centreduciel
..3/100

... Sascia Reibel
▷ Shortnotice Studio

... Max Reichert ■
Waldstraße 58
D-73734 Esslingen
+49-1525-6103832
maxreichert@web.de
@macksreichert
..2/100

... Erik Anton Reinhardt ■
Corinthstraße 44
D-10245 Berlin
+49-1523-1862442
email@ereinhardt.org
ereinhardt.org
@_ereinhardt
.68/100

... Marc Roecker ■
Schwabstraße 38a
D-70197 Stuttgart
+49-175-34491361
marc.roecker10@t-online.de
@marcroecker
.39/100

... Lukas Rösener ■
D-Köln
@lukasrsnr

... Cédric Rossel
▷ WePlayDesign
... Sereina Rothenberger
▷ Hammer
.62/100

... Tobias Röttger
▷ Stahl R
... Sophie Rubin
▷ WePlayDesign
... Elia Salvisberg
▷ bergerberg

SCC Kommunikation ■
... Laura Sennhauser
Pfingstweidstrasse 6
CH-8005 Zürich
+41-78-8272958
hello@laurasennhauser.ch
scckommunikation.ch
@laurasennhauser
.89/100

... Manon Schaefer
▷ Enen studio
... David Schatz
▷ Hammer

Josh Schaub
CH-Zürich
ich@joshschaub.ch
@joshschaub.ch
.82/100

... Luis Schneider
▷ strobo B M
... Erik Schöfer
▷ 2xGoldstein
... Sebastian Schubmehl ■
Engelstraße 87
D-54292 Trier
+49-1575-2945020
schubmail@gmail.com
smehl.com
@s.schubmehl
.90/100

... Laura Sennhauser
▷ SCC Kommunikation

Shortnotice Studio ■
... Sophia Krasomil
... Mathias Lempart
... Sascia Reibel
... Hagen Tanneberger
Großbeerenstraße 91
D-10963 Berlin
+49-157-76392840
request@shortnotice.studio
Shortnotice.studio
@shortnotice.studio
.38/100

... Prof. Johanna Siebein
▷ Laucke Siebein
... Lea Sievertsens
▷ Distaff Studio

Smile Initial Plus ■
... Lorenz Fidel
    Huchthausen
... Gabriela Kapfer
Budapester Straße 7
D-10787 Berlin
+49-178-8222840
lorenz@lorenzfidel.de
smileinitial.plus
@gkaabpyf
@lorenzlorenzlorenzlorenz
.18/100

... Ariane Spanier
▷ Ariane Spanier
Design
... Philipp Staege
▷ Bureau Progressiv
... Prof. Susanne Stahl
▷ Stahl R

Stahl R ■
... Tobias Röttger
... Prof. Susanne Stahl
Ritterstraße 2b
D-10969 Berlin
+49-176-20977412
info@stahl-r.de
stahl-r.com
@stahl_r
.34/100

... Alena Stählin ■
St. Johanns-Vorstadt 10
CH-4056 Basel
+41-79-5256788
mail@alenastaehlin.ch
alenastaehlin.ch
@alenastaehlin
.14/100

... Sasha Stavnichuk
▷ Studio Laurenz
    Brunner
... Sam Steiner ■
Frauentalweg 9
CH-8045 Zürich
hallo@samsteiner.ch
samsteiner.ch
@samsteiner.ch
.69/100

... Pit Stenkhoff
▷ Neue Gestaltung

strobo B M ■■
Adalbertstraße 11
D-80799 München
+49-89-34029023
info@strobo.eu
strobo.eu
@strobo_bm
..4/100
.75/100

Studio Anna Haas ■■
... Anna Haas
Stalden 12
CH-1700 Freiburg
+41-76-4634225
sayhi@annahaas.ch
annahaas.ch
@haas.a.anna
.10/100
.82/100

Studio Daniel Peter ■
... Daniel Peter
Weyermannsstrasse 28
CH-3008 Bern
+41-79-4288542
post@herrpeter.ch
herrpeter.ch
@herrpeterrrr
.33/100

Studio Es ■
... Verena Panholzer
Neustiftgasse 32-34, DG
A-1070 Wien
+43-664-8498717
vp@studio-es.at
studio-es.at
@studio.es
100/100

Studio Feixen ■
... Felix Pfäffli
Löwenplatz 5
CH-6004 Luzern
hello@studiofeixen.ch
studiofeixen.ch
@studiofeixen
..8/100

Studio LA ■
... Antoine Brack
Rue de la Paix 7b
CH-1020 Renens
+41-79-2712733
info@studiola.ch
studiola.ch
@studiola.ch
.20/100

Studio Laurenz Brunner ■
... Laurenz Brunner
... Sasha Stavnichuk
Stierliweg 12
CH-8004 Zürich
+41-78-7531708
studio@laurenzbrunner.com
laurenzbrunner.com
@laurenzbrunner
.74/100

Studio Marie Cuennet ■
... Marie Cuennet
Bullingerstrasse 63
CH-8004 Zurich
+41-79-7802570
mail@mariecuennet.ch
mariecuennet.ch
@mariecuennet
.66/100

Studio Mucho Gusto ■
... Patrizia Bürkli
... Olivia Hubli
Falkenhöheweg 15
Schwobhaus
CH-3012 Bern
yo@studiomuchogusto.ch
studiomuchogusto.ch
@studiomuchogusto
..1/100

... Jennifer Sunier
▷ SUPERO

SUPERO ■■
... Simon Jodry
... Samuel Perroud
... Jennifer Sunier
Regionaux 11
CH-2300 La Chaux-de-Fonds
+41-32-9161055
hello@supero.ch
supero.ch
@supero_design
.76/100
.97/100

... Hagen Tanneberger
▷ Shortnotice Studio
... Thibaud Tissot
▷ Onlab
... Sascha Tittmann
▷ Büro Sequenz
... Chiara Toteda ■
Mülheimer Straße 33
D-40239 Düsseldorf
+49-1511-9021345
chiaratoteda@gmail.com
@chiara_ttd
.62/100

Tristesse ■■
... Julian Bauer
... Gregor Brändli
Klybeckstrasse 141,
Gebäude K10
CH-4057 Basel
+41-79-3084899
info@tristesse.ch
tristesse.ch
@tristesse2000
.14/100
.17/100

... Niklaus Troxler ■■■
Bahnhofstrasse 22
CH-6130 Willisau
+41-41-9702731
troxler@troxlerart.ch
troxlerart.ch
@troxlerniklaus
.59/100
.82/100
.91/100

... Paula Troxler
▷ Pank
... Julian von Klier
▷ strobo B M
... Dennis Vugts ■
CH-Solothurn/Zürich
bruchcant@icloud.com
dennisvugts.ch
@4444dennis
.47/100

... Prof. Henning ■
    Wagenbreth
Kollwitzstraße 52
D-10405 Berlin
+49-30-44342217
mail@wagenbreth.de
wagenbreth.com
@henningwagenbreth
.93/100

... Ivan Weiss
Johnson / Kingston

WePlayDesign ■
... Cédric Rossel
... Sophie Rubin
Chemin de l'Ancienne-
Pension 2
CH-1091 Grandvaux
+41-79-4746538
hello@weplaydesign.ch
weplaydesign.ch
@weplaydesign
.52/100

... Raphael Wicki ■
Baselstrasse 93
CH-6003 Luzern
+41-78-6213717
post@raphaelwicki.com
raphaelwicki.com
@raphael.wicki
.78/100

... Daniel Wiesmann ■■
    Büro für Gestaltung
Köpenicker Straße 147
D-10997 Berlin
+49-30-28386445
mail@danielwiesmann.de
danielwiesmann.de
@danielwiesmann
..7/100
.57/100

... Kilian Wittmann ■
Lustkandlgasse 5
A-1190 Wien
wittmannkilian@gmx.at
kilianwittmann.at
@kilianwittmann
.36/100

... Bjœrn Wolf
▷ Fons Hickmann M23
... Pawel Wolowitsch
▷ Distaff Studio
... Jasmina Zarlenga ■
Rütistrasse 4
CH-3800 Matten
+41-7-4082042
jasmina@mixer.ch
@jasminazarlenga
.53/100

ZEBU ■
... Dennis Gärtner
... Lynn Lehmann
Sültstraße 32
D-10409 Berlin
+49-163-9268682
hello@z-e-b-u.com
z-e-b-u.com
@z_e_b_u
.12/100

... Marcel Zerbe ■
Dampfschiffstraße 1a
D-54290 Trier
marcelzerbe@outlook.de
m-zerbe.com
@m.zee.gallery
.90/100

Auftraggeber	Clients	A–Z

BE YOURSELF

Access Memory GB-Manchester .30/100 ☐	EPFL Pavilions CH-Lausanne .40/100 ☐	Hochschule Trier, Fachrichtung Kommunikationsdesign D-Trier .90/100 ☐	Kunsthaus Zürich CH-Zürich .77/100 ☐
Affichage Public CH-Genf ..6/100 ☐	Fantastic Twins D-Berlin .22/100 ☐	IGNM Bern CH-Bern .73/100 ☐	Kunsttage Basel CH-Basel .14/100 ☐
AGI Alliance Graphique Internationale CH-Baden .87/100 ☐	Festival cinémasd'Afrique CH-Lausanne .20/100 ☐	Import Export D-München .41/100 ☐	Kunstuniversität Linz A-Linz .31/100 ☐
Akademie der Bildenden Künste Nürnberg D-Nürnberg ..3/100 ☐		Internationales Litera- turfestival Berlin D-Berlin .27/100	La Comédie de Valence F-Valence .86/100 ☐
Alpines Museum der Schweiz CH-Bern .33/100 ☐	Festival FILMAR en América Latina CH-Genf .52/100 ☐	It's a book Leipzig D-Leipzig .84/100	Markthalle Neun D-Berlin .57/100 ☐
Alumni HF KGD CH-St.Gallen .70/100 ☐	Filmakademie Wien A-Wien .31/100 ☐	JAJA Wein D-Berlin .18/100 ☐	Mecklenburgisches Staatstheater D-Schwerin .54/100 ☐
Arsenic – Centre d'art scénique contemporain CH-Lausanne .80/100 ☐	Filmpodium Zürich CH-Zürich .47/100 ☐	Jazz Festival Willisau CH-Willisau .49/100 ☐	Musée d'art et d'histoire Neuchâtel CH-Neuchâtel .24/100
	Gaskessel Bern CH-Bern .25/100 ☐	Kampus Südpol CH-Luzern .48/100 ☐	Musée des beaux-arts La Chaux-de-Fonds CH-La Chaux-de-Fonds .24/100 ☐
	Groupe Sauvage CH-Freiburg .94/100 ☐	Kaserne Basel CH-Basel .17/100 ☐	Museum Humpis-Quartier ☐ D-Ravensburg .11/100
	HEAD – Genève CH-Genf .92/100 ☐		Museum Tinguely CH-Basel .23/100 ☐
Association Palace St.Gallen CH-St.Gallen .10/100 ☐	Hesign (Hangzhou) CN-Hangzhou .29/100 ☐		Mut zur Wut e. V. D-Heidelberg .51/100 ☐
Atelierschule Zürich CH-Zürich .89/100 ☐	HfG Offenbach D-Offenbach am Main .98/100 ☐		Muting The Noise/ Innervisions D-Berlin .56/100 ☐
bau 4, Schaerholzbau CH-Altbüron .91/100 ☐	Hochschule Düsseldorf, Fachbereich New Craft Object Design D-Düsseldorf .62/100 ☐	Kieler Woche D-Kiel .28/100 ☐	Netzwerk Neubad ☐☐☐☐☐ CH-Luzern ..1/100 .69/100 .78/100 .85/100 .95/100
Bauhaus-Universität Weimar, Professur Typografie & Schriftgestaltung D-Weimar .63/100 ☐	Hochschule für bildende Künste Hamburg D-Hamburg .37/100 ☐	KinderKulturMonat/ WerkStadt Kulturverein e. V. D-Berlin .15/100 ☐	Nuit de la Photo CH-La Chaux-de-Fonds .97/100 ☐
Berlin Braves Sports Club D-Berlin .12/100 ☐	Hochschule für Gestaltung und Kunst Basel, Institut Digitale Kommunikations-Umgebungen CH-Basel .42/100 ☐	KOMMA Esslingen D-Esslingen ..2/100 ☐	
Berthold Leibinger Stiftung D-Eberdingen-Hochdorf .19/100 ☐		Kunst Halle Sankt Gallen CH-St.Gallen .60/100 ☐	Oderbruch Museum Altranft D-Bad Freienwalde .93/100 ☐
Bundesgartenschau Mannheim 2023 D-Mannheim .45/100 ☐	Hochschule für Grafik und Buchkunst Leipzig D-Leipzig .84/100 ☐	Kunsthalle Bielefeld ☐☐ D-Bielefeld ..4/100 .75/100	otto Restaurant D-Berlin .18/100 ☐
Dreiländermuseum D-Lörrach .65/100 ☐	Hochschule Luzern – Design Film Kunst CH-Luzern .58/100 ☐	Kunsthaus Pasquart CH-Biel .66/100 ☐	Palace St.Gallen CH-St.Gallen .99/100 ☐

Printemps Culturel Neuchâtel CH-Neuchâtel .76/100	Südpol CH-Luzern ..8/100
Projektgruppe Riddle D-Leipzig ..5/100	Theater Basel ☐☐☐ CH-Basel .35/100 .43/100 .83/100
RambaZamba Theater D-Berlin .34/100	THTR 2023 D-Bielefeld .55/100
Robert Johnson D-Offenbach am Main .16/100	TREWIT A-Scharnstein .36/100
	Typographic Printing Program CH-Näfels .61/100
	ufaFabrik D-Berlin .88/100
	Universität für angewandte Kunst Wien, Klasse für Ideen A-Wien .32/100
S AM - Schweizerisches Architekturmuseum CH-Basel .50/100	Verein Initiative Urheberrecht Österreich A-Wien 100/100
Schauspielhaus Zürich CH-Zürich .74/100	Villa Merkel, Galerie der Stadt Esslingen D-Esslingen .71/100
Service culturel de la Ville de Genève CH-Genf ..9/100	
Staatliche ☐☐☐☐ Akademie der Bildenden Künste Stuttgart D-Stuttgart ..2/100 .39/100 .67/100 .79/100	
Staatliche Akademie der Bildenden Künste Stuttgart, Industrial Design Department D-Stuttgart .21/100	Volumes CH-Zürich .64/100
	Raul Walch D-Berlin .26/100
Staatliche Hochschule für Musik und Darstellende Kunst Stuttgart D-Stuttgart .67/100	Weltformat Graphic Design Festival CH-Luzern .82/100
Staatstheater Mainz D-Mainz .44/100 .72/100	Wortlaut - St.Galler Literaturfestival CH-St.Gallen .13/100
Stadt Marl D-Marl ..7/100	Zürcher Hochschule der Künste CH-Zürich .47/100
Stiftung Friedliche Revolution D-Leipzig .38/100	Zwitschermaschine D-Berlin .68/100

THIS IS ME